AVIS
AUX HABITANS
DE LA CAMPAGNE,
POUR LA SANTÉ
DE LEUR BÉTAIL;

Contenant une connaissance exacte de plusieurs maladies, & notamment celles qui sont les plus fréquentes dans ce pays, comme le Lovet, *ou* Lovat, *la* Blanche *& la* Jaune, *& le* Quartier, *en français l'*Avant-cœur, *en allemand* Huntsch.

Avec un choix des meilleurs remedes faciles à faire & à se procurer.

Par Mr. l'Ecuyer MULLER, *Médecin vétérinaire.*

Prix, 1 Liv. de Suisse.

Se vend à LAUSANNE, *chez l'Auteur.*

M. DCC. XCIV.

INTRODUCTION.

LE nom d'Auteur n'eſt pas un titre que je cherche à acquérir en produiſant ce petit ouvrage, cette vanité n'eſt pas le motif qui me fait écrire; ſi cependant malgré la ſimplicité de mes vues, je ne laiſſe pas d'en être ſoupçonné, je me conſolerai de cette injuſtice par le plaiſir d'être utile.

Cet ouvrage eſt fait principalement pour les gens de la Campagne; puiſſent les raiſons qui me portent à écrire, faire du moins approuver les efforts de mon zèle!

Tous les livres que nous avons ſur la médecine Vétérinaire ſont trop compliqués pour que les gens de la Campagne puissent en tirer beaucoup de fruit, ces livres n'étant faits que pour les personnes déja versées dans cet art; le défaut de connaissances sur cette matiere fait commettre beaucoup de fautes, honteuses à ceux qui la professent & funestes aux particuliers.

J'ai vu avec chagrin qu'un grand nombre de personnes se laisse séduire, tous les jours par les fausses promesses de gens, prétendus connaisseurs ; je ne cherche point ici à établir ma réputation aux dépends de qui que ce soit, ni à décrier personne ; je cherche au contraire à leur être utile, en leur donnant les moyens de l'être eux-mêmes.

Comme c'est surtout pour les gens de la Campagne que je travaille, je m'appliquerai à me rendre intelligible, & à mettre les choſes à leur portée; la clarté, la ſimplicité, l'exactitude & la préciſion feront tout le mérite de cet ouvrage, & je n'ai point d'autre prétention.

Les maladies font ſur les animaux des progrès ſi rapides, que ſi on néglige d'apporter des ſecours convenables dès le commencement du mal, l'animal périt malgré l'efficacité des remèdes. Quand le mal a fait beaucoup de progrès, il infecte, & jette la mortalité dans tout un troupeau; il eſt donc eſſentiel d'apporter à ces maladies, dès leur commencement, des remèdes propres à prévenir les ſuites qu'elles peuvent avoir étant négligées; mais peu de gens connaiſſent ces maladies ſuffiſamment : cette connaiſſance eſt néanmoins ſi néceſſaire, que ſans elle, tous les remèdes feront plus de mal que de bien parce qu'ils ſeront employés au hazard ſans choix & ſans précaution.

Le moyen ſûr de parvenir au but que je me propoſe ſerait l'établiſſement d'une école où l'on formerait des éléves, qu'on choiſirait dans les Campagnes, à qui l'on enſeignerait l'anatomie des animaux, la nature, les cauſes & les ſignes des différentes maladies auxquelles ils ſont ſujets, & les remèdes propres à les combattre; on leur montrerait le ſiège des maladies, par l'ouverture des corps; en ſacrifiant quelques animaux pour faire l'expérience de certains remèdes, on parviendrait à en découvrir pour des maladies que l'on a regardées juſqu'à préſent comme incurables. Cette école fournirait à chaque Commune un peu conſidérable, des éléves inſtruits, dont on a grand beſoin. C'eſt le motif dont j'ai parlé ci-deſſus qui me détermine à donner au Public ce traité, où les maladies plus ou moins connues ſeront expliquées avec leurs ſymptômes, leurs cauſes & un choix des meilleurs remèdes qui tous ont été éprouvés. Ce traité ſera tiré de mes expériences & des meilleurs auteurs qui ont écrits ſur cette ſcience; je le crois d'autant plus utile à ce Pays; qu'il y a ſouvent, & principalement dans les endroits marécageux, des maladies épidémiques; d'ailleurs peu de gens de la campagne, étant par leurs facultés à même de ſe procurer les ouvrages volumineux & compliqués qui ont paru ſur cette matière, je crois leur rendre ſervice en leur en procurant un dont le prix & la lecture étant plus à leur portée, ſoyent aussi plus à leur usage ; & s'il en était d'assez peu aisé pour ne pouvoir pas se le procurer, malgré la médiocrité du prix, je ne doute pas que les Communes & MM. les Pasteurs, (qui en ayant senti l'utilité, n'auront pas dédaignés d'en faire l'acquisition) ne se fissent un plaisir de leur en communiquer les découvertes dans les cas de nécessité.

On trouve chez les apothicaires les drogues dont il est fait mention dans ce traité; il serait bon que les Communes éloignées des villes fissent provision des plus nécessaires, qui sont de garde, pour les employer à propos; par exemple mes poudres, si elles ne guérissent pas les maladies où je ne les indique pas, arrêtent toujours le progrés du mal, & donnent le tems de se procurer les remèdes nécessaires, sur-tout dans les cas qui demandent un prompt ſoulagement; elles éviteront par ce moyen la perte de beaucoup d'animaux, qui périſſent très-ſouvent par l'éloignement de tout ſecours.

Dans les livres de médecine, & particulierement dans les recueils de ſecrets pour tous les animaux, on trouve quatre ou cinq remèdes pour la même maladie, qui laiſſent une incertitude ſur celui que l'on employera, ce qui donne le tems au mal d'augmenter; j'ai ſupprimé cette multiplicité de remèdes inutiles & ſouvent dangereux, & n'ai mis que ceux éprouvés par moi, ou par les Auteurs qui me les ont appris.

Je parlerai en premier lieu des maladies les plus fréquentes dans ce pays, enſuite je donnerai un abrégé des maladies contagieuſes épizootiques des chevaux & des bœufs.

CHAPITRE I.

ARTICLE I.

Des maladies des Chevaux avec leurs ſignes & leurs ſymptômes.

IL eſt aiſé à tous ceux qui ont des animaux, qui veulent y faire un peu d'attention, de s'appercevoir qu'un cheval eſt malade, ou qu'il veut le devenir 1°. Lorſqu'il eſt dégouté de tous les alimens ordinaires. 2°. Quand il paraît avoir la tête peſante & penchée, l'œil triſte, égaré, ou mouillé de larmes.

Sur ces indices, pour mieux s'en aſſurer, on lui tâte les oreilles; s'il les a froides, c'eſt un ſigne de maladie; la bouche échaúffée & livide, le poil hériſſé ſur les flancs & déteint aux extrêmités, tous ces ſignes annoncent que l'animal eſt malade.

Outre ces ſignes généraux, il faut

observer la qualité de la fiente ; si elle est d'une consistance plus dure qu'à l'ordinaire, c'est marque d'échauffement ; si elle est noire ou verdâtre, c'est signe qu'il est mal, de même quand il n'est pas ferme sur ses jambes & qu'il chancelle en marchant. (†).

Si on met la main sur la région du cœur, & qu'on lui sente un battement fort, & les flancs agités, le mal est dangereux ; s'il ne se campe pas pour pisser, & que son urine coule goute à goute c'est un symptôme mortel.

(†) Une observation que les gens de la campagne ne font pas assez, & que j'ai fait faire à plusieurs, c'est quand au travail un de leurs animaux est plus mou que de coutume, ordinairement ils prennent cela pour de la paresse & frappent l'animal, sans pousser plus loin leurs recherches, ce qui pourtant serait nécessaire puisqu'on voit souvent périr un animal au travail, & que cette mollesse qu'on prend pour de la paresse n'est que l'avant-coureur du mal.

Un cheval malade qui ne se couche point est en danger; s'il se plaint & qu'il montre le blanc des yeux, c'est un signe qu'il souffre. Mais comme ces signes se manifestent trop généralement, sur bien des maladies, & que chacune a ses symptômes particuliers, on doit s'étudier à les distinguer, afin de ne pas se tromper, & appliquer à chacune les remèdes convenables.

AVIS IMPORTANT.

UN préservatif assuré pour bien des maux, qui ne demande qu'un peu de peine, que l'on ne prend pas assez, c'est de tenir les étables propres, & de les aërer, non-seulement dans les chaleurs, mais même en hyver dans les beaux jours; je ne saurais trop le recommander, car si ce n'est pas la seule cause des maladies qui règnent dans la majeure partie de notre pays, elle en est au moins une des principales; dans la plupart des endroits où j'ai été appellé, je ne pouvais p: pénétrer plus avant que le seuil c la porte par la suffocation que j' prouvais, & de la chaleur, & de putréfaction du fumier; je demanc si cela seul n'est pas capable de re dre malade l'animal qui y aurait moins de disposition.

ARTICLE II.

Nous avons dans ce pays plusieu: maladies très-fréquentes, principal• ment dans les chaleurs & dans les er droits bas & marécageux.

Ces maladies que l'on nomme *lov* ou *lovet*, *mal de rate*, la *blanche*, jaune, & le *quartier* n'en font cepe dant qu'une venant de la même caus Ces différens noms, leurs sont do nés par les gens de la campagne su vant l'endroit où paraît la tumeur principal signe de ces maladies; pa exemple dans celle des bœufs qu'il appellent *lovat* ou *lovet*; en alleman *hunstch*, en français *avant-cœur*, la tu meur paraît indifféremment au poitrail, au cou, d'un côté ou de l'autre, & à l'une ou à l'autre épaule. Dans le *quartier*, la tumeur ne varie point ; elle paraît toujours le long de l'épine du dos; la *blanche* ou la *jaune* n'eſt autre choſe que la différence de la couleur que l'on apperçoit en faiſant l'ouverture des tumeurs; quand le fond en eſt jaune, la maladie eſt plus dangereuſe. Aux chevaux, la tumeur ne varie point, elle paraît toujours au poitrail; aux jumens quelquefois elle paraît devant les mamelons. Comme je l'ai déja dit, ces différens noms ne forment qu'une maladie, & demandent par conſéquent le même traitement. Je commencerai par celle des chevaux, ſous le nom de *lovat* ou *lovet*, en français *avant-cœur*.

ARTICLE III.

Du lovet *ou* lovat, *en allemand* huntſch, *en français* avant-cœur.

SYMPTOMES.

LE cheval qui prend cette maladie eſt triſte, dégouté, ordinairement a de la fievre, ce que l'on connoît par une chaleur exceſſive par tout le corps; enſuite ſurvient au poitrail entre les deux jambes de devant, une tumeur d'abord groſſe comme un œuf, ſi l'on s'y prend à tems, elle groſſit a vue d'œil, ce qui eſt un bon ſymptôme; les jumens ont cette tumeur quelquefois devant les mamellons; c'eſt toujours le même mal.

CURATION.

D'abord qu'on s'apperçoit qu'un cheval eſt triſte, dégouté, & qu'il a de la fievre, que la tumeur commence à paraître, il faut tout de ſuite faire une ſaignée; quelquefois la ſaignée fait rentrer la tumeur : dans ce cas il faudrait en faire une seconde, une heure après la premiere; on passe ensuite un seton sur la tumeur, ce que les gens de la campagne appellent *brocher* ; mais au lieu d'y passer comme ils font de la racine d'ellébore qui peut se casser quand on veut l'ôter, & par conséquent rester dedans, on y met un morceau de cuir mince de la longueur de six pouces, ou du *lignu* de cordonnier ; on l'enduit de suppuratif fait avec onguent Basilic, 4 onces, thérébentine, 2 onces fondues ensemble & bien mêlées; on frotte la tumeur deux fois par jour chaudement, ayant soin de tourner le seton pour en faire sortir la matiere ; quand la tumeur est excessivement grosse, (elle l'est quelquefois comme une seille) on la lave deux ou trois fois par jour avec de l'eau de chaux ; on donne trois ou quatre lavemens par jour, composés comme suit : Prenez deux ou trois poignées d'orge que vous faites cuire dans trois pots d'eau ; ajoutez-y deux onces de sel polychreste, ou à son défaut de celui de cuisine; vous passerez le tout par un linge, vous en donnerez deux ou trois le premier jour, & le lendemain autant, en ajoutant dans les mêmes lavemens un quart de livre d'huile de laurier, ou à son défaut de celle de noix. On lui donnera ensuite le breuvage suivant. Prenez bayes de laurier, de genievre, racine de zéodaire, (*a*) & gelanga (*b*) de chacune deux onces, racine de gentiane (*c*) & d'angelique (*d*) de chacune demi once, une petite pincée de safran; le tout en poudre fine bien mêlée; vous en donnerez au cheval deux cuillerées, délayées dans un demi pot de vin avec gros comme une noix de thériaque.

Si on n'avait pas sous sa main les drogues susmentionnées, on lui donnera une once ou une once & demi de thériaque dans du vin. Comme ce

---

(*a*) La zéodaire est la racine d'une plante des grandes Indes; on en trouve chez apothicaires. (*b*) Plante cultivée. (*c*) Gentiane, plante sauvage. (*d*) Angelique, plante cultivée.

mal eſt preſque toujours accompagné de défaillance de cœur, il ſerait bon de lui donner tout de ſuite l'eau cordiale dont voici la compoſition. Prenez feuilles de meliſſe, *Alléluia*, (*a*) *Chardon béni*, (*b*) de chacun une poignée, deux onces de racines d'Angelique, & une once de canelle; le tout en poudre que vous ferez infuſer dans un pot & demi d'eau, pendant vingt-quatre heures, & vous le paſſerez par un linge, & le donnerez en breuvage au cheval malade; mais comme ces choſes ne ſe trouvent pas toujours à portée, le plus court, & le moins diſpendieux & qui eſt très bon, ce ſont mes poudres données en breuvage, de la maniere indiquée à la fin de ce livre.

(*a*) *Alléluia* plante ſauvage.

(*b*) *Chardon béni*, plante ſauvage; elle eſt épineuſe & velue, haute de trois pieds.

ARTICLE IV.

Des Avives ou *étranguillons.*

CETTE maladie n'eſt pas ſans danger; ſi on y apporte pas un prompt ſecours l'animal peût étouffer en peu de tems par l'inflammation qui fait enfler les glandes du goſier; la reſpiration eſt empêchée, auſſi bien que la déglutition des alimens, ſoit ſolides, ſoit liquides, ſans qu'il y ait aucun vice dans la trachée artére, ni dans la poitrine; cette maladie eſt ſemblable à l'eſquinancie de l'homme, & ſe nomme aux chevaux & aux bœufs *étranguillons.*

CAUSES.

Ce mal vient aux chevaux ainſi qu'aux bœufs pour avoir bû de l'eau trop fraiche & trop vive, après avoir été pouſſés & trop échauffés au travail. On pourroit prévenir cette maladie en bouchonnant & couvrant bien l'animal avant de le remettre à l'écurie.

SYMPTOMES.

Un cheval qui a les avives ou l'étranguillon perd d'abord l'appetit & tient la tête baiſſée, il a les oreilles froides, la bouche chaude & ſéche; il ſe tourmente, ſe couche & ſe reléve ſouvent à cauſe de la douleur du goſier & des tranchées qui accompagnent preſque toujours ce mal, ainſi que la rétention d'urine.

CURATION.

Dès qu'on s'apperçoit des ſyptômes ci-deſſus & que les glandes du goſier ſont enflées, en un mot quand on eſt bien aſſuré que l'animal a l'*étranguillon*, on commence par lui faire une ſaignée que l'on réïtére ſuivant la force du mal; enſuite pour le faire uriner, on lui fait une bonne litiére de paille fraiche que l'on mouille un peu, ou ſi l'on eſt près d'une étable à mouton l'y faire entrer & l'y laiſſer un quart d'heure à flairer, il piſſera tout de ſuite; ſi tout cela ne réuſſit pas, on lui donnera le breuvage ſuivant.

Prenez deux poignées de coquilles de noisettes que vous mettrez dans un bassin d'eau ; faites cuire jusqu'à réduction de moitié, passez par un linge & ajoutez-y un quart d'once de sel de nitre ; vous le donnerez froid à l'animal ; ce remède est bon pour bœufs & vaches, pour le même mal.

Ensuite donnez plusieurs lavemens comme le suivant. Prenez des feuilles de mercuriale (*a*) & de pariétaire (*b*) de chaque une poignée ; faites cuire ces herbes dans deux pots d'eau, réduits au tiers, vous passerez par un linge, vous y délayerez une demi quartette de miel avec une demi livre d'huile d'olives, de lin, ou de noix.

Si le lavement avait peine à entrer, c'est une marque qu'il y a des matieres

---

(*a*) *Mercuriale*, plante qui vient assez partout, principalement dans les vignes, on la nomme dans ce pays *daoublia*, ou *blé*, & *vignette*.

(*b*) *Pariétaire*, plante qui vient assez communément attachée aux murailles : ses fleurs sont d'un vert jaunâtre.

cuittes qu'il faudrait lui sortir en lui mettant la main dans le fondement, bien doucement, après l'avoir graissé avec de l'huile, & faire bien attention que les ongles ne touchent à rien.

Vous graissez ensuite les glandes avec de l'onguent basilic, de l'huile de laurier & du beurre frais, fondus ensemble, & vous envelopperez la tête de l'animal avec une peau de mouton ou d'agneau.

ARTICLE V.

De la fievre.

CETTE maladie est une chaleur contre nature, qui vient d'un sang trop agité; il y en a de trois sortes: la *simple*, la *putride* & la *pestilentielle*, je parlerai de cette derniere en particulier.

SYMPTOMES.

On s'apperçoit qu'un cheval a la fièvre lorsqu'il respire avec peine, qu'il a de grands battemens de flancs, qu'on lui ſent la bouche & tout le corps dans une chaleur exceſſive, & enfin lors qu'on lui remarque les lévres noirâtres, ſéches & pendantes, les oreilles baiſſées & les veines enflées ; on lui ſent battre le cœur avec violence contre les côtes.

CURATION.

La première choſe que l'on doit faire dans le commencement de la fievre, c'eſt de retrancher toute nourriture, faire une ſaignée au cou d'environ trois livres de ſang ; ſi c'eſt un gros cheval, & le même jour lui donner des lavemens, comme ſuit.

Prenez trois pots d'eau, ajoutez deux ou trois poignées de grains d'orge, mercuriale, feuilles de blettes, de violettes, & de parietaire, de chaque trois poignées ; faites cuire le tout un demi quart d'heure, paſſez par un linge, après, ajoutez-y deux onces de ſel *polychreſte*, & une demi livre d'huile. Frottez bien tout le corps avec un bouchon de paille pour augmenter la tranſpiration.

Donnez-lui ſouvent à boire de l'eau blanchie

blanchie avec un peu de farine, & du sel de nitre, quatre onces sur une seille d'eau.

NOURRITURE.

Si c'est en été on le nourrira de feuilles de vignes, de chicorée, de laitues ou d'herbes fraiches. Si c'est en hyver, on lui donnera du meilleur soin en petite quantité & un peu arrosé avec de l'eau fraiche; si la fievre continuoit toujours, on réïtérera la saignée & les lavemens. Le troisieme ou quatrieme jour on lui mettra matin & soir, un billot ou un filet, auquel on attachera un linge où on aura enveloppé : Assa-fœtida, (*a*), Sabine (*b*), grossiérement concassés, de chaque une demi once, reglisse une once; on lui laissera mâcher cela chaque jour pendant une heure; cela lui purgera le cerveau, & lui donnera appétit; alors on pourra lui

---

(*a*) *Assa-fœtida*, se trouve chez les Apothicaires.

(*b*) *Sabine*, ou *savinin*, plante cultivée; on se sert des feuilles & des tiges.

donner du fon mouillé, avec une once de foye d'antimoine pendant plufieurs jours.

ARTICLE VI.

Du Vertigo, *nommé dans ce pays l'*Ecreviffe *ou* Tfamberon.

CETTE maladie eft commune partout, & ne fe manifefte généralement que dans les grandes chaleurs.

CAUSES.

Elle vient d'un travail forcé, ou de refter expofé au foleil pendant le gros du jour, ce qui occafionne un bouillonnement extraordinaire du fang qui fe porte fubitement à la tête, & qui rend le cheval comme fou, ce qui a fait donner à cette maladie le nom de *Vertigo*.

Si ce mal (qui eft une grande raréfaction du sang), n'eft point accompagné de fievre, il eft aifé à guérir, mais fouvent la fievre s'y joint, ce qui le rend très-dangereux.

SYMPTOMES.

Les ſignes de ce mal ſont aiſés à connoître: on voit le cheval chanceler, il a les yeux hagards & troublés, il donne de la tête contre les murs avec tant de violence qu'il eſt à tout moment en danger de ſe tuer.

CURATION.

Premiérement il faut veiller à ce qu'il ne puiſſe ſe tuer, en l'attachant dans un endroit où il ne puiſſe donner contre les murs; enſuite qu'il y ait fievre ou non, il faut commencer par le ſaigner: il ſerait eſſentiel que la ſaignée ſe faſſe au train de derriere, c'eſt-à-dire, au plat des cuiſſes ou aux flancs, pour faire révulſion au ſang; mais comme dans toutes les maladies où la ſaignée eſt néceſſaire, le but qu'on ſe propoſe eſt de diminuer la maſſe du ſang, & que dans nos campagnes, ceux qui ſe mêlent de donner des remèdes aux animaux ne ſavent pas toujours ſaigner aux petites veines, on ſaignera ſimplement au cou.

Si la fievre s'y joint, le mal devient dangereux, alors on réitérera la faignée, fuivant la force du mal; on peut dans cette maladie, faigner jufqu'à défaillance, non pas par des faignées trop abondantes, mais par le nombre de petites; on peut faigner jufqu'à trois ou quatre fois dans deux heures; (j'ai traité plufieurs chevaux de cette maladie: à chaque crife j'ouvrais une veine, celle que je pouvais attraper, car il n'eft pas toujours aifé d'approcher un cheval qui a ce mal; j'ai vu faire quinze ou feize faignées, mais petites, (on met le cheval à un grand régime, & beaucoup de lavemens rafraichiffans, & on lui donne plufieurs breuvages, compofés de jus de courge; fi l'on n'en pouvait pas avoir, on fera le breuvage fuivant pour lui en faire prendre plufieurs par jour.

Prenez feuilles de laitues, de chicorée fauvage, de bouillon blanc, de parietaire, de mercuriale, de mauves, de pourpier (*a*), de bour-

---

(*a*) *Pourpier*, plante cultivée.

rache (*b*), de bugloſſe (*c*), d'endives (*d*), racine de *nénuphar* (*e*); faites bouillir légérement toutes ces plantes, & mêlez y un peu d'eau de ſon pour lui faire boire; ces mêmes herbes ſont très-bonnes pour les lavemens qui ſont ordonnés ; on les rend un peu purgatifs en y faiſant diſſoudre quatre onces de moelle de caſſe pour ſix pots d'eau ; cela tient le ventre libre, évacue les matières des gros boyaux qui compriment les vaiſſeaux ſanguins.

Il ſeroit très-bon de faire deux ſétons au cou, afin de détourner une partie de l'humeur qui cauſe la maladie ; on fait ces ſétons de chaque

---

(*b*) *Bourrache*, plante cultivée.

(*c*) *Bugloſſe*, plante ſauvage, que l'on cultive auſſi; ſes fleurs ſont bleues

(*d*) *Endives*, eſpece de chicorée ſauvage, & que l'on cultive.

(*e*) *Nénuphar*, il y en a de deux eſpèces, blanche & jaune : cette plante eſt aquatique, on ne ſe ſert que de ſa racine ; celle qui a les fleurs blanches eſt la meilleure.

côté du cou, en paſſant un ruban de fil dans une grande aiguille platte & tranchante par l'autre extrêmité; on ſouleve la peau de peur de piquer les parties qui ſont deſſous; on laiſſe le ruban & on le retourne chaque jour, ayant ſoin de le graiſſer avec de l'onguent *baſilic.*

ARTICLE. VII.

Du Vertigo de vapeurs, *& de la* palpitation de cœur.

CE vertigo que l'on nomme *vertigo de vapeurs*, n'eſt autre choſe qu'une forte palpitation de cœur : je vais commencer par définir la palpitation de cœur, & je reviendrai au vertigo qui l'accompagne, comme ayant une même cauſe intérieure.

DE LA PALPITATION.

La palpitation eſt un mouvement du cœur plus vif qu'à l'ordinaire qui arrive comme par ſécouſſes d'intervale en intervale.

SYMPTOMES.

On connait aiſément cette maladie au toucher, car lorſque le cheval en eſt attaqué, ſi on met la main à l'endroit du cœur, c'eſt-à-dire, en bas au défaut de l'épaule, on ſent un mouvement précipité du cœur, ſi violent qu'il ſemble qu'il veut rompre les côtes pour ſortir; & lors que la palpitation eſt très-violente, le cœur bat d'une telle force contre les côtés, que l'on voit viſiblement mouvoir la peau à chaque battement, & en approchant l'oreille on entend dans le corps comme des coups de marteau, & cela des deux côtés à la fois; les flancs ne battent pas extraordinairement..

Quoique ce mal paroiſſe avoir des ſignes d'une très-grande violence, cependant il n'eſt pas ordinairement mortel, à moins que la fievre ne s'y joigne, ce qui arrive rarement.

CAUSES.

Ce mal ne vient que d'un ſang qui a pris un peu plus de conſiſtance qu'à l'ordinaire, c'eſt-à-dire, qui s'eſt épaiſſi juſqu'à un certain degré, de façon qu'il a de la difficulté à traverſer les vaiſſeaux du poumon qui doit alors être plein d'obſtructions & de tubercules, leſquelles en même tems en gênent le cours, ce qui contraint le cœur par la peine qu'il a à chaſſer le ſang de ſes ventricules, à faire ce mouvement convulſif, déréglé, forcé & véhément.

Ce mal peut être occaſionné par mauvaiſe digeſtion, par un travail trop rude, par une courſe trop rapide, par un léger refroidiſſement, ou par de mauvaiſes nourritures.

Quand la palpitation occaſionne le *vertigo*, que nous nommons de vapeurs, alors le cheval a des étourdiſſemens, il ſe laiſſe tomber tout-à-coup, & ſe relève enſuite comme étourdi, chancelant; cela lui prend par accès, & le moment d'après il revient comme à ſon ordinaire, & mange comme de coutume.

Cette eſpèce de vertigo n'eſt pas plus à craindre que la palpitation de cœur, & les mêmes remèdes pourront guérir l'un & l'autre; tout le danger, comme j'ai dit, ferait la fièvre, si par hazard elle s'y joignait; alors il ne ferait plus question que de traiter le cheval de la fievre, comme le mal le plus essentiel, sans songer à la palpitation ni au vertigo. (Pour guérir la fievre, voyez le chapitre qui en parle.)

Un cheval sujet à la palpitation & au vertigo, dont nous venons de parler, ne se guérira pas radicalement en peu de jours, il faudra un traitement long & continué. Quelquefois la palpitation se dissipe par une seule saignée, que l'on réitére en cas de besoin.

CURATION.

Ces maux demandent de la peine & des soins pour les guérir radicalement. On commence par plusieurs saignées, n'importe à quelle veine; on fera observer la diette, beaucoup de lavemens émoliens, employer les remèdes fondant & spiritueux, tels que sont la thériaque, la confection d'hyacinthe, ou la poudre de gentiane; ces remedes agiront comme ſtomachiques, enſuite on donnera pendant long-tems les remèdes apéritifs & déſobſtruans, principalement le foye d'antimoine & les extraits amers.

Voici un breuvage qui eſt très-bon pour ce mal : prenez thériaque, une once, des eaux cordiales de ſcorſonnaire (*a*), de bugloſſe, de chardon béni, de reine des prés, de chacune un quart de pot; délayez le tout enſemble & le donnez.

Autre remede appéritif & fondant.

Prenez extraits de gentiane & de fumeterre, gomme amoniac en poudre, de chacun une once, limaille d'acier trois onces, formez-en des pilules de trois gros peſant, vous en donnerez une le matin & une le ſoir.

(*a*) Ces eaux ſe trouvent toutes préparées chez les Apothicaires.

ARTICLE VIII.

De la courbature.

CETTE maladie ſe fait connoître par une chaleur exceſſive par tout le corps.

CAUSES.

Elle vient pour avoir été ſurmené, ou pour avoir mangé du mauvais foin, ce qui cauſe des dépôts d'humeurs dans les inteſtins & les poumons.

CURATION.

Le foie d'antimoine eſt très - bon dans cette maladie, on le donne depuis une once juſqu'à deux, dans du ſon mouillé ; on réitére la même doſe juſqu'à guériſon. Dans ce mal mes poudres ſe donnent avec le plus grand ſuccès, elles redonnent l'apétit que l'animal perd ſouvent dans cette maladie, on les donne en breuvage.

ARTICLE IX.

De la fourbure.

CETTE maladie eſt une eſpèce de fluxion, ou plutôt un rhumatiſme univerſel, qui entreprend ſouvent tout le corps du cheval, mais plus particulierement le train de devant.

SYMPTOMES.

Quand la maladie eſt au plus haut degré, tout le corps eſt entrepris, l'animal a de grandes douleurs & a beaucoup de difficultés à ſe mouvoir, il a les jambes roides & croiſe celles de derrière en marchant, il perd tout-à-fait l'appétit; preſque toujours à ce degré là, il ſurvient un battement de cœur & de flancs, qui annonce une grande fievre.

CAUSES.

Cette maladie peut venir de trop de fatigue : apres avoir eu très chaud, avoir été refroidi tout-à-coup; pour avoir bu trop tôt, ou avoir été mené à l'eau ; ce froid ſubit interceptant la tranſpiration, épaiſſit la lymphe dans le corps des muſcles, rompt les vaiſſeaux lymphatiques, & la lymphe épanchée ſe jette principalement ſur les parties baſſes, les roidit & les entreprend ; ce défaut de tranſpiration peut auſſi cauſer l'épaiſſiſſement du ſang, ce qui occaſionne la fievre. Il y a pluſieurs cauſes encore qui produiſent la fourbure, mais celle que je viens de rapporter eſt la plus commune.

Il ſerait aiſé de prévenir cette maladie en ne laiſſant point un animal qui eſt fatigué, & qui a chaud, expoſé au froid ou à la pluie ; on devrait ne point le faire boire dans ces momens, & avoir ſoin même quand on les entre à l'écurie, de les bien bouchonner.

A B U S.

Pluſieurs de ceux qui ſe mêlent de donner des remèdes aux animaux commencent, dans cette maladie, par lier les jambes au-deſſous du genou & des jarrets, avec des rubans de fil; ils prétendent par là réchauffer, & déroidir les jambes, & empêcher que la fourbure ne tombe dans les pieds; ne vous laissez pas tromper, & soyez certains qu'au lieu de diminuer le mal, ils l'augmentent; il y en a aussi qui dans le même but, saignent aux *ars*, au plat des cuisses ou à la pince; tout cela est le contraire de ce qu'il faut faire, ils attirent par ces moyens, l'humeur dans ces parties.

CURATION.

Qu'il y ait fievre ou non, il faut commencer par saigner au cou; si la fievre y était, il faudrait réitérer la saignée à proportion du mal; (toujours plutôt deux petites saignées qu'une grande) observer que le cheval doit très-peu manger; il faut le mettre au son mouillé en très-petite quantité, le faire boire souvent & à l'eau blanche, lui frotter le corps, & particulierement les jambes avec un bouchon de paille dur. Après la saignée donnez le breuvage suivant.

Si c'est un grand cheval, mettez

une livre de ſel dans un pot d'eau, & le donnez à l'animal ; on diminue la doſe ſuivant la groſſeur du cheval. tout de ſuite après, vous lui frottez la croiſée des reins avec de l'eſprit de thérébentine; ſi vous n'en avez pas, faites cuire de l'avoine dans du vinaigre, quand elle eſt bien chaude vous la mettez dans un petit ſac & vous lui appliquez ſur les reins.

Pour éviter que la fourbure ne tombe dans les pieds, après avoir comme j'ai dit, frotté les jambes à ſec, vous les lavez avec du vinaigre & du ſel ; vous frottez auſſi le tour de la couronne avec de l'eſprit de thérébentine.

Enſuite vous détrempez de la ſuie de cheminée dans du vinaigre, & vous la mettez autour de la couronne, en la faiſant tenir avec des linges ; vous mettez auſſi dans les pieds de la fiente de cochon fricaſſée avec du vinaigre, que vous ferez tenir avec des étoupes & des linges; il faut continuer ces remèdes juſqu'à guériſon.

Le troiſieme jour vous donnerez

à votre cheval ſuivant ſa groſſeur, une once juſqu'à deux de thériaque délayée dans du vin.

Quelquefois la gras-fondure ſe joint à la fourbure, ce que l'on connait en examinant la fiente; il s'en trouve des morceaux qui ſont enveloppés & coiffés comme d'une membrane blanche qui reſſemble à de la graiſſe; en voyant cela, ajoutez à ſa boiſſon d'eau blanche une décoction d'arrête-bœuf (*a*). Cette maladie en fait une à part, ſouvent très-dangereuſe, elle ſe traite intérieurement comme la fourbure; les pilules puantes ſont très-bonnes dans ce cas là.

Quand la fourbure a été négligée, il ſurvient ſouvent des accidens qu'il n'appartient qu'aux gens de l'art de pouvoir guérir.

(*a*) *Arrête-bœuf*, plante de deux pieds de haut qui vient communément dans les champs; elle eſt quelquefois épineuſe, ſes fleurs ſont pourpres; il leur ſuccéde des gouſſes camuſes qui renferment la graine; on ne ſe ſert que de la racine.

Quand tous les accidens ſont paſſés, il ſera bon de donner pendant pluſieurs jours, le foye d'antimoine dans du ſon mouillé une once à la fois, le matin.

PILULES PUANTES.

Aſſa-fœtida, baïes de laurier, foie d'antimoine parties égales; mettez-les en poudre ſéparément, puis mêlez-les; incorporez ce mêlange en le battant long-tems dans un mortier, avec ce qu'il faudra de vinaigre pour faire une maſſe; vous prendrez environ cinq onces de cette maſſe, dont vous ferez trois pilules que vous donnerez en trois jours.

ARTICLE X.

Morfondement.

LES mêmes cauſes qui occaſionnent la fourbure, occaſionnent auſſi le morfondement, qui n'eſt point à négliger, quoique ſouvent on y fait peu attention; cependant la fievre qui s'y joint en fait une maladie très-dangereuse.

SYMPTOMES.

On connoît qu'un cheval eſt morfondu, quand il touſſe & qu'il jette par les nazeaux une liqueur gluante, blanche ou jaune ; il a la bouche plus ſéche qu'à l'ordinaire.

CURATION.

Il faut commencer par tenir le cheval chaudement à l'écurie, en lui mettant pluſieurs couvertures, lui ôter le foin & l'avoine, & ne lui donner pour toute nourriture que du ſon mouillé, & pour ſa boiſſon de l'eau blanchie avec de la farine ; ſi le tems eſt froid on le fera boire tiede.

Si le cheval avait de la peine à reſpirer, il faudrait lui tirer deux ou trois livres de ſang de la veine du cou, & réitérer la ſaignée, ſi la première ne l'a pas calmé ; & lui donner pluſieurs lavemens compoſés comme ſuit.

Prenez feuilles de mauves, mercuriale, & parietaire, de chacune

une poignée, que vous faites cuire dans deux pots d'eau; vous paſſez par un linge & vous ajoutez une demi livre de miel; on lui donnera en breuvage une once ou deux de thériaque dans un pot de vin. Mes poudres dans ces maladies ſont un effet admirable.

ARTICLE XI.

Diſſenterie.

CETTE maladie eſt un flux de ventre dangereux; les déjections, (c'eſt-à dire la fiente) ſont mêlées de ſang, on y voit auſſi comme des râclures de boyaux; le cheval ſe tourmente beaucoup & ſe plaint, à cauſe des douleurs qu'il reſſent; il faut à cette maladie un prompt ſecours.

CURATION.

Donnez ſur le champ le breuvage ſuivant : prenez chicorée ſauvage, feuilles de plantin & d'ozeille, de chaque une poignée dans trois quarts de pots d'eau, faites cuire un demi quart d'heure, paſſez par un linge & donnez tiede. On donne enſuite le lavement ſuivant : prenez feuilles de *rhue* (*a*), une bonne poignée pour un pot d'eau; faites cuire un demi quart d'heure, paſſez par un linge; ajoutez quatre jaunes d'œufs que vous mêlez bien, avec un petit verre de ſuc de plantin, que l'on fait ainſi.

Prenez une quantité ſuffiſante de feuilles de plantin, écraſez-les dans un pilon, preſſez-les dans un linge, & mettez dans votre lavement que vous donnerez tiede.

Très-peu de foin pour ſa nourriture, & ſa boiſſon de l'eau blanchie avec de la farine d'orge.

ARTICLE XII.

Des tranchées.

LES tranchées ſont une maladie inflammatoire des inteſtins.

(*a*) *Rhue*, plante cultivée, on ſe ſert des feuilles & tiges.

CAUSES.

Les caufes des tranchées font en grand nombre.

1°. La boiffon d'eau froide, vive ou crue après le chaud.

2°. L'indigeftion.

3°. Les crudités des premieres voyes.

4°. Le féjour des excrémens dans les boyaux.

5°. Les vents contenus dans les inteftins.

6°. Les vers contenus dans l'eftomac ou dans les inteftins.

Toutes ces caufes produifent l'inflammation des inteftins, les unes d'une maniere, les autres de l'autre; je donnerai les marques de chacunes.

SYMPTOMES GÉNÉRAUX.

On connoît qu'un cheval eft attaqué des tranchées lorfqu'il fe couche & fe léve fouvent, & qu'il gratte la terre avec le pied de devant.

PREMIERE TRANCHÉE, D'EAU FROIDE.

On conjecture que le cheval eſt attaqué de tranchées d'eau froide lorſque cette maladie ſurvient après que le cheval a bu une quantité d'eau froide, ſur-tout ayant chaud; l'eau froide fait une vive impreſſion ſur les nerfs de l'eſtomac, qui fait reſſerrer les vaiſſeaux, y cauſe une inflammation; de là la douleur & les tranchées. Cette maladie n'eſt point dangereuſe.

CURATION.

Il faut tenir le cheval chaudement en le couvrant bien, lui faire faire quelques tours; ſi au bout d'une demi heure la douleur continue, il faut le ſaigner & lui donner le breuvage ſuivant:

Un demi pot de vin dans lequel on fait éteindre par trois fois un caillou de riviere rougi au feu.

TRANCHÉES D'INDIGESTIONS.

On peut croire qu'un cheval a une indigeſtion lorſqu'on ſait qu'il a mangé beaucoup de grain, de ſoin, ou d'autres alimens, & que les tranchées ſont ſurvenues quelque tems après.

SYMPTOMES.

Dans ces tranchées le cheval a peine à reſpirer & eſt appeſanti.

CURATION.

Dans cette eſpece de tranchée, il faut bien ſe garder de ſaigner, parce qu'on diminuerait les forces digeſtives, & l'on expoſerait le cheval à périr de ſuffocation; il faut lui donner une once de thériaque, dans un quart de pot de vin, & quelques lavemens d'eau de ſon, que l'on rendra légérement purgatifs en y faiſant diſſoudre quatre onces de pulpe de caſſe, pour trois pots d'eau.

DES TRANCHÉES VENTEUSES.

Les vents occaſionnent ſouvent des tranchées : on les reconnoît en ce que le cheval rend des vents , & qu'il a le ventre enflé.

CAUSES.

Les cauſes les plus ordinaires ſont les mauvaiſes digeſtions, la putréfaction, la fermentation des alimens ; le relâchement des fibres des inteſtins eſt auſſi une cauſe des tranchées venteuſes.

CURATION.

Il y a beaucoup de remedes propres à chaſſer les vents ; mais en voici un qui m'a toujours réuſſi :

Prenez un oignon , hâchez-le bien menu, avec un morceau de ſavon gros comme un œuf, mêlez-y deux pincées de poivre , faites-en une boule & fourrez-la dans le fondement le plus avant poſſible ; promenez le cheval tout de ſuite ; quelque tems après donnez un lavement fait avec une

une décoction de feuilles de mercuriale & de blettes ; si les tranchées ne diminuent pas, il faudrait faire une saignée.

Dans toutes ces tranchées, mes poudres données en breuvage, font vraiment des merveilles, même dans les tranchées rouges dont je parlerai.

DES TRANCHÉES DE VERS.

Quand un cheval a des tranchées, il faut l'examiner de près, pour bien s'assurer de leur cause ; dans celles-ci, en examinant la fiente, on y trouve des vers, seule cause du mal.

Les vers qui causent les tranchées sont de deux espèces : les uns sont ronds & courts, ceux-ci s'enfoncent dans la membrane veloutée de l'estomac & des intestins ; les autres sont longs & pointus aux deux extrêmités (ce sont les plus mauvais) en faisant ouvrir un cheval mort de cette maladie, j'en ai trouvé une si grande quantité de cette espèce dans l'estomac & les intestins, qu'une demi seille aurait eu peine à les contenir ; dans le cours de sa maladie, le cheval ne se tourmentait pas comme dans les tranchées ordinaires, mais il était dégoûté & dépérissait tous les jours ; il tenait ses jambes de devant sous la mangeoire & celles de derriere fort reculées, de sorte que son ventre touchait jusqu'à terre ; il restait toujours dans cette attitude.

CURATION.

Les amers sont très-bons dans les tranchées de vers ; on peut donner en breuvage une décoction de gentianne, de petite centaurée (*a*), d'absynte (*b*) & de fougere (*c*), de chaque une poignée que l'on fait cuire dans trois pots d'eau.

Voici un remede qui m'a presque toujours réussi : prenez trois onces de suie de cheminée, passée bien fine,

---

(*a*) Plante sauvage des bois & prés ; elle croît jusqu'à un pied, ses fleurs sont couleur de rose ; on se sert des fleurs & des sommités.

(*b*) Plante cultivée.

(*c*) Plante sauvage qui vient dans les bois.

délayez dans un quart de pot de lait, & donnez-le au cheval.

DES TRANCHÉES ROUGES.

Les tranchées qu'on appelle ordinairement *tranchées rouges*, ne sont autre chose que l'inflammation de l'estomac & des intestins. La différence de ces tranchées aux autres, c'est que l'inflammation dans celle-ci est au dernier degré ; le cheval se tourmente horriblement & ne cesse de regarder son ventre.

CAUSES.

L'inflammation des intestins, dans les tranchées rouges, vient de l'âcreté des matieres contenues dans les intestins, de celle de la bile, de l'usage des alimens irritans & échauffans, comme du mauvais foin ; (& sur-tout le treffle que l'on devrait proscrire comme un poison lent,) les purgatifs forts, donnés à trop grande dose, ou des insectes venimeux que le cheval peut avoir avalés ; toutes ces causes font des impressions fortes sur les intestins, irritent les extrêmités capilaires des vaiſſeaux ſanguins, les font reſſerrer ; de là, l'arrêt du ſang & l'inflammation : les vaiſſaux diſtendus compriment les nerfs ; de là, la douleur & les tranchées rouges.

L'inflammation qui vient de l'âcreté des matières & de l'irritation des fibres nerveuſes, ou du venin, eſt toujours dangereuſe ; il y a à craindre qu'elle ne ſe termine par la gangrêne, & de là, la mort.

CURATION.

Il faut de prompts ſecours à ces ſortes de tranchées ; pour remédier à l'inflammation, il faut mettre tout de ſuite en uſage les relâchans, les émolliens & les anodins. On ſaigne le cheval ; on répéte la ſaignée ſuivant le beſoin ; on lui fait prendre des breuvages avec la décoction des plantes émollientes, comme racines de mauve, de chicorée ſauvage, feuilles de bouillon blanc, laitues, oſeille, &c. ; ce qui fait beaucoup de bien, c'eſt de faire prendre au cheval une livre d'huile d'olives, cela adoucit & lubréfie le paſſage des matieres, & favoriſe leur ſortie ; il faut donner des lavemens avec les mêmes herbes, cela diminue considérablement l'inflammation; après tout cela, pour finir la cure, mes poudres sont excellentes.

ARTICLE XIII.

Rétention d'urine.

On s'apperçoit qu'un cheval a la rétention d'urine, lorsqu'il se campe pour uriner & qu'il ne peut; dans cette maladie l'animal souffre de grandes douleurs, dont il donne des preuves par la grande agitation où il est; souvent la fievre accompagne ce mal, on lui voit plier les reins, ce qui n'est pas un bon symptôme.

CAUSES.

La cause la plus ordinaire est le rétrécissement du col de la vessie; ce rétrécissement vient de l'inflammation dans cette partie, causée par l'âcreté de l'urine après de grandes fatigues qui auront échauffé le cheval; lorsque la vessie est enflammée, les vaisseaux qui sont au col sont pleins, engorgés, distendus & ferment le passage à l'urine.

A B U S.

Il faut éviter la méthode de porter la main par le rectum sur la vessie, pour la comprimer & en faire sortir l'urine, parce que cela augmente le mal.

C U R A T I O N.

Si la rétention n'est point accompagnée de fievre ni de tranchées, & que vous soyez près d'une bergerie, mettez-y votre cheval un quart d'heure en le laissant flairer le fumier des moutons : cela le fera uriner ; de la paille fraîche un peu mouillée, que l'on sécoue sous le cheval, le fait uriner aussi, quand la rétention est simple ; si cela ne fait pas, faites lui prendre en breuvage un pot de vin dans lequel vous aurez éteint par trois fois un caillou rougi au feu.

Si la fievre se joint, avec des tranchées, il faut saigner une ou deux fois au cou, donner des breuvages &

des lavemens émolliens tels que les suivans.

BREUVAGE.

Prenez racine de fraisier, d'arrête-bœuf & de chien-dent, de chaque quatre onces; cristal minéral une once; eau huit pots; faites cuire les racines dans l'eau un bon quart d'heure, passez par un linge: il faut que le cheval boive cela dans les vingt-quatre heures.

LAVEMENT.

Prenez huile (la premiere que vous aurez) quatre onces ou quart de livre, lait un pot, bien mêlés que vous donnerez en lavement tiéde.

ARTICLE XIV.

Rupture de l'estomac.

IL ne sera question de cette maladie que pour donner les moyens de la prévenir, car quand elle existe, il n'y a plus de remede.

CAUSES.

Ces causes sont le vice des alimens, comme loisque le cheval a trop mangé de grains quelconques ; ces grains se gonflent prodigieusement, distendent l'estomac jusqu'à le faire crever; le foin verd qui n'a point fermenté pris en trop grande quantité produit le même effet.

SYMPTOMES.

On connoît qu'un cheval a l'estomac crevé parce qu'il se tourmente beaucoup & gratte la terre avec le pied ; le signe le plus certain, c'est loisqu'il rend les alimens par le nez & par la bouche, ce qui n'arrive jamais que dans ce cas.

PRECAUTIONS.

Cette maladie est incurable quand ces symptômes existent; tout ce qu'on peut dire se réduit aux précautions qu'on doit prendre pour prévenir cet accident ; c'est de ne point donner aux chevaux du fourage qui n'est point fermenté, ni laiſſer à l'écurie des ſacs de grains, ni des coffres à l'avoine ouverts ; parce qu'un cheval peut ſe détacher & en manger de trop.

ARTICLE XV.

De la Pouſſe.

LA pouſſe eſt une difficulté de reſpirer, ſans fievre ; elle reſſemble aſſez à l'aſthme de l'homme; le cheval touſſe mais faiblement : il fait de grandes inſpirations, les muſcles inſpirateurs entrent dans de fortes contractions, les côtes s'élèvent avec force & difficulté en même tems.

CAUSES.

Les cauſes de la pouſſe ſont l'épaiſſiſſement du ſang ; le relâchement des véſicules du poumon & des tubercules du poumon; le ſang étant épais circule lentement, s'arrête & s'appeſantit ſur les vaiſſeaux capillaires du poumon & fait de fortes impreſſions ſur ce viſcère. Ces impreſſions ſe continuent juſqu'aux nerfs qui vont ſe diſtribuer aux muſcles inſpirateurs, & les ſollicitent à de fortes inſpirations.

Les glandes du poumon qui ſéparent continuellement une humeur muſcilagineuſe qui ſert à humecter la ſubſtance du poumon, étant relâchées s'engorgent de cette liqueur, compriment les vaiſſeaux ſanguins & produiſent la difficulté de reſpirer.

SYMPTOMES.

On connoît la pouſſe 1°. par la difficulté de reſpirer qui n'eſt pas accompagnée de fievre. 2°. Parce qu'on voit les fauſſes côtes s'élever & s'abaiſſer en deux tems.

3°. Par le ralement ou le ſifflement.

4°. Le cheval jette ſouvent par le nez une humeur tamponnée qui vient des veſcicules du poumon lorſqu'elle s'eſt amaſſée en grande quantité à l'arrière bouche, ou dans la trachée artère, le cheval la jette par flocons.

CURATION.

C'eſt un mal très-difficile à guérir pour ne pas dire incurable ; on peut cependant l'adoucir par le régime, en retranchant au cheval le foin & en lui faiſant faire un exercice modéré. Voici un remede qui, s'il eſt donné dans le commencement, peut guérir ; il en a guéri pluſieurs à ma connoiſſance, & c'eſt toujours au moins un excellent pailliatif : faites diſſoudre dans ſa boiſſon du matin (qui ſera de l'eau blanche) une demi once de ſalpêtre & deux gros de ſel amoniac ; on fera ce remede de deux jours l'un, ayant ſoin d'arroſer le peu de foin qu'on lui donnera, & de lui donner un peu plus d'avoine.

Des maladies contagieuſes épizootiques des chevaux.

ARTICLE I.

Fievre peſtilentielle.

SYMPTOMES.

CETTE maladie ſe fait connaître par une chaleur contre nature par tout le corps; l'animal reſpire difficilement, il a de grands battemens de flancs, on lui ſent la bouche, la langue & l'haleine échauffées, & une mauvaiſe odeur; il a les lévres pâles, ſéches, & pendantes, les oreilles baiſſées, & les veines enflées. Dans cette fievre le cheval chancelle, & ne ſe couche preſque jamais; quand cela lui arrive il eſt auſſi-tôt relevé; il perd entierement l'apétit, quelquefois il mange par boutades; en lui mettant la main ſur le cœur, on le ſent battre extraordinairement ; ses yeux sont tristes & luisans par une grande humidité.

Cette fievre se communique avec une rapidité étonnante, non-seulement dans l'endroit où elle commence, mais dans tous les environs.

CURATION.

Il faut que cette maladie soit prise dès son commencement, car si l'on employe les remedes trop tard, ils augmenteront le mal.

On commencera par saigner le cheval au cou, on lui tirera trois livres de sang ; deux heures après la saignée on lui donnera le remede suivant.

Prenez thériaque une once ; aloës hépatique en poudre une once ; confection d'alkermès, deux gros, que vous délayez dans un demi pot tant de vinaigre que d'eau, & que vous donnez au cheval en breuvage.

Le lendemain on lui donnera le remède suivant que l'on continuera tous les jours, jusqu'à entiere guérison.

Prenez : quinquina en poudre une livre ; cinabre quatre onces ; camphre deux onces nitre purifié quatre onces; miel quantité suffisante pour faire une opiate ; on en donnera une once matin & soir, délayée de même dans l'eau & le vinaigre, à la dose d'un demi pot ; on continuera cinq à six jours & plus, jusqu'à ce que l'on voye que l'animal se guérit.

Sur la fin de la maladie on le purgera avec le remede suivant.

Prenez : crocus metallorum, une once, assafœtida, demi once ; aloës & jalap, de chacun trois drachmes, le tout en poudre que l'on donne dans un demi pot de vin ; il faut bien délayer.

Dans cette maladie il faut bien observer de faire boire l'animal plus souvent que de coutume, & de la belle eau ; ne le nourrir dans le cours de la maladie que de son mouillé ; avoir soin aussi de lui laver souvent la bouche & l'intérieur des nazeaux avec un linge attaché au bout d'un bâton & que l'on trempe dans du vinaigre ; ce qui n'est pas moins essentiel, &

le plus très-utile, c'eſt d'aërer les écuries non-ſeulement des malades, mais auſſi des autres & de les parfumer exactement deux fois par jour, avec du ſoufre en poudre, du tabac ou du genievre que l'on met ſur de la braîſe bien allumée dans un chauffepied que l'on promène d'un bout de l'écurie à l'autre: tout ce qui appartient au cheval, comme collier, ſelle, bride, harnois, &c. doit être parfumé.

ARTICLE II.

Mal de tête épizootique contagieux des Chevaux.

CETTE maladie eſt auſſi dangereuſe que la précédente pour la contagion, à cauſe de l'écoulement qui ſe fait par les nazeaux; elle fait des progrès plus rapides ſur le cheval qui en eſt atteint, & le fait périr en peu de tems, s'il n'eſt promptement ſécouru.

SYMPTOMES.

On connaît qu'un cheval en eſt atteint en ce que la tête lui devient fort groſſe, les yeux enflammés, larmoyans & gros; la matiere qui coule par les nazeaux eſt jaune & corrompue, par conſéquent contagieuſe; ſi l'humeur fait un dépot ſous les glandes de la ganache, un peu conſidérable, c'eſt un bon ſigne pour la guériſon; on diſtingue cette maladie d'avec la morve, par la fievre aiguë qui accompagne celle-ci.

CURATION.

On commence par ôter toute nourriture on fait au cheval le billot ſuivant.

Prenez racine d'angelique, de gentianne de regliſſe, aſſafœtida, de chaque demi once, que vous incorporez avec un quart de livre de beurre frais; vous le mettez dans un linge que vous nouez à un billot de bois, ou un filet, & lui mettez dans la bouche; pendant qu'il ronge cela vous préparez le breuvage ſuivant.

Prenez ſaffran oriental, une drachme; Agarie, rhubarbe, gentianne, oliban, racines d'angelique, criſtal minéral de chacun demi once, le tout en poudre, que vous délayez dans un pot de vin; donnez-le en breuvage en deux fois, de demi heure en demi heure; dans cette maladie comme dans la précédente, il faut avoir ſoin de laver les nazeaux en dedans avec du bon vinaigre, deux ou trois fois le jour; ſi la tumeur paraît ſous la ganache, il faut la faire venir à ſuppuration en y mettant des cataplames émolliens; on peut ſe ſervir d'oignons de lis ou autres, cuits dans les cendres, que l'on applique chaudement en les faiſant tenir avec un linge; ſi elle ne perce pas d'elle-même au bout de quelques jours, il faut la percer avec le biſtouri, & y mettre des ſuppuratifs comme l'onguent d'althéa, onguent baſilic &c. & ne point oublier les parfums comme il eſt dit dans l'article précédent.

ARTICLE III.

De la Morve.

JE ne parlerai de cette maladie que pour tâcher de prévenir l'erreur où font encore la plupart de nos maréchaux, fur fon véritable fiége ; les uns le placent dans le cerveau, dans le poumon & dans le foie, les autres dans les reins & dans l'eftomac, & confondant tous les écoulemens, ils donnent le nom de morve à tous ceux qui fe font par le nez.

L'opinion de ceux qui la placent dans les poumons eft en quelque façon pardonnable, 1°. parce qu'il y a une communication du poumon avec le nez. 2°. parce qu'il fe fait réellement par le nez un écoulement qui vient du poumon, dans la maladie que l'on nomme pulmonie.

3°. Parce que l'écoulement qui vient du poumon reffemble affez à celui qui vient de la membrane pituitaire (seul siège de la véritable *morve*) ceux là donc ne péchent que contre la distinction, & se laissent tromper par l'apparence & par la ressemblance des deux maladies.

Mais ceux qui soutiennent que la morve est dans les reins, dans la rate, dans le foye, ou dans le cerveau, péchent contre les premieres connaissances de l'anatomie; ils ignorent qu'il n'y a point de communication de ces parties avec le nez, & qu'il est par conséquent impossible qu'il se fasse par le nez un écoulement qui vienne de ces parties; il serait tro[p] long de mettre ici toutes les refutations que j'aurais à faire sur leurs préjugés à cet égard; il suffira d'inviter ceux qui se trouveront dans le cas d'avoir des animaux suspectés, de les faire visiter par des gens qui joignent à une théorie parfaite, une pratique soutenue; on évitera par cette précaution la perte considérable d'animaux que l'ignorance des maiges fait faire toutes les années.

Je dirai seulement que de tous les écoulemens, il n'y en a point qui ait plus de rapport a la morve que celui qui vient des poumons & que l'on nomme pulmonie ; c'est cette maladie qui a causé & qui cause l'erreur où ont été & où sont encore la plupart de nos maréchaux ; malgré le rapport de cette maladie à la morve, il faut bien se garder de les confondre ; à l'une il y a du remede & à l'autre peu ou point ; c'est à dire que le traitement de cette derniere surpasserait en fraix la valeur du cheval. Je traiterai dans l'article suivant la pulmonie.

ARTICLE IV.

De la Pulmonie.

CETTE maladie est une ulcération du poumon qui se manifeste par un écoulement de pus par le nez ; le cheval tousse, il ne souffre pas d'abord, il reste gai jusqu'à ce qu'il soit dévenu phtisique ; il boit & mange comme à l'ordinaire, mais si on le laiſſe il maigrit peu-à-peu & finit par périr de conſomption.

CAUSES.

La pulmonie a pluſieurs cauſes ; l'inflammation du poumon eſt toujours la premiere qui ſe termine par la ſuppuration.

1°. La pleureſie & la courbature, lorſqu'elles ſe terminent par la ſuppuration.

3°. Les tubercules du poumon, lorſqu'ils viennent à ſuppuration.

4°. La fauſſe gourme qui s'eſt jettée ſur les poumons.

5°. L'humeur du farcin qu'on laiſſe repercuter & qui ſe fixe ſur les poumons.

6°. Enfin toutes les maladies inflammatoires de la poitrine qui ne ſont pas ſoignées à tems & qui ſe terminent par ſuppuration. Toutes ces différences nous donnent quatre eſpèces de pulmonie, ſuivant les cauſes qui la produiſent.

1°. La pulmonie qui vient de pleureſie.

2°. La pulmonie de courbature.

3°. La pulmonie de fauſſe gourme.

4°. La pulmonie de farcin.

On voit par ces différences combien lorſqu'on ne joint pas à une théorie parfaite une pratique ancienne & ſoutenue, on eſt dans le cas de ſe tromper.

CURATION.

On ne doit tenter la guériſon que de celles qui viennent à la ſuite de la pleuréſie, ou de la courbature, ce ſont les moins dangereuſes & l'on peut les guérir : il faut dans ces cas favoriſer l'expectoration ou l'injection du pus par la décoction de feuilles d'hyſope (*a*) de lierre terreſtre(*b*) & de marrube blanc (*c*) une poignée

---

(*a*) *Hyſope*, plante cultivée; on ſe ſert de toute la plante.

(*b*) *Lierre-terreſtre*, plante ſauvage qui croît par-tout; dans ce pays on l'appelle en partie, *ſéreta*.

(*c*) *Marrube-blanc*, plante ſauvage qui croît par-tout dans les lieux inculde chaque qu'on fait infuser dans deux pots d'eau, & qu'on fait avaler au cheval une fois par jour le matin.

Il faut en même tems corriger l'acreté du pus par les boissons adoucissantes; enfin il faut déterger l'ulcère, le dessécher en même tems par de légers astreingens, détersifs & dessicatifs, comme par exemple la décoction de l'herbe à Robert, l'eau de plantin, la troisieme eau de chaux &c.

---

tes à la hauteur d'un pied & demi; ses fleurs sont blanches, & ses feuilles blanchâtres & cottoneuses.

Des maladies les plus fréquentes des Bœufs.

ARTICLE I.

Du Dégout.

EN général toutes les maladies commencent par le dégoût; auſſi lors qu'on voit qu'un animal ne mange pas comme à ſon ordinaire, il faut y faire plus d'attention que l'on ne fait généralement dans ce cas là.

Le dégoût eſt ſouvent l'effet de peu de choſe; il ſuffit qu'un bœuf ou un cheval trouve quelque mauvaiſe herbe dans ſa pature pour perdre l'apétit pendant quelque tems; dans ce cas on lui changera ſa nourriture en lui en donnant de fraîche; on lui donnera ſi c'eſt en été du ſon mouillé avec de l'herbe, en hyver, avec du foin. Souvent le dégoût eſt l'avant-coureur de quelque maladie dangereuſe,

dangereuse, qu'il faut s'attacher à connaître pour y apporter remede dès son commencement.

Un simple dégoût est souvent opiniâtre; une écume amére qui les dégoûte provient quelquefois de crudité & de mauvaise digestion; si après lui avoir changé sa nourriture, son dégoût continue, il faut lui faire des gargarismes avec du fort vinaigre, de l'ail, un peu d'assafœtida, vous lui lavez souvent la bouche; vous pouvez même lui en faire prendre un verre ou deux, suivant sa grosseur; un remede bon encore pour ces sortes de dégoûts, c'est une once à une once & demi de thériaque dans demi pot de vin.

AUTRE.

Du serpolet hâché mêlé avec du vin est bon aussi; le meilleur, celui que j'ai donné toujours avec succès, ce sont mes poudres en breuvages, mais il faut continuer (soit l'un ou l'autre de ces remedes) pendant deux ou trois jours.

Si après ces soins le dégoût continuait, ſoyez ſûr qu'il dépend de quelque maladie.

ARTICLE II.

Langueurs.

LE dégoût du bœuf n'eſt quelquefois qu'une langueur qui vient de ce qu'on l'a fait trop travailler, ou de ce qu'il a été expoſé trop longtems aux injures de l'air.

Si c'eſt en été & qu'il y ait apparence que le mal vienne de la trop grande chaleur, donnez-lui un des remedes précédens, & faites-le boire ſoir & matin à l'eau-blanche, qui ſe fait en mettant trois poignées de farine ſur trois pots d'eau ; pour nourriture, du ſon humecté, avec un peu d'avoine, & de l'herbe au lieu de fourage.

En hiver cette maladie leur vient d'avoir bû de l'eau de neige, & d'avoir été expoſés à l'air pendant longtems ; ou avoir été mouillés, dans ces cas on les tient chaudement à l'écurie & pour certain mes poudres conviennent en breuvage ; il faut nourrir l'animal avec du son sec & de l'avoine mêlé & du bon foin, dont il ne faut pas le laisser manquer ni jour ni nuit, jusqu'à ce qu'il soit guéri.

ARTICLE III.

Du mal de cœur.

LE bœuf, plus que le cheval est sujet au mal de cœur ; ce mal peut venir d'avoir mangé du mauvais fourage ; on le connaît par un battement des flancs accéleré, accompagné de nausées ; il tient la tête penchée & est fort inquiet.

CURATION.

Il faut purger avec le remede suivant : Prenez jalap, six drachmes ; aloës une once, le tout en poudre que vous donnez dans un demi pot de vin ; si on l'a purgé le matin, on lui donnera le soir une once & demi de thériaque dans du vin. On le nourrira selon le régime susmentionné.

ARTICLE IV.

Des tranchées.

LES signes des tranchées, aux bœufs, sont à peu-près les mêmes qu'aux chevaux; ils se plaignent davantage & suent plus vite, cette maladie fait des progrès très-rapides, & ils sont bientôt péris si on n'y apporte un prompt sécours.

CAUSES.

Cette maladie arrive plus souvent au printems, qu'en toute autre saison, par le changement de température qui leur fait avoir chaud & froid, & souvent de l'humidité, ce qui suprime la transpiration, épaissit les humeurs, & les fait refluer de la circonférence au centre; de là des amas d'humeurs crues dans les entrailles qui sont tenaces, gluantes & visqueuses, qui altérent les organes de la digestion.

CURATION.

Les remedes les plus utiles sont les évacuans; il faut lui donner plusieurs lavemens comme suit. Prenez : feuilles de mauves & guimauves, parietaire & mercuriale, de chaque une bonne poignée; faites cuire dans deux pots d'eau, passez par un linge & ajoutez-y, feuilles de séne deux onces, pulpe de coloquinte deux drachmes, que vous faites encore cuire légérement dans la décoction ci-dessus; vous la passez derechef par un linge & vous ajoutez un quart de livre d'huile de noix; donnez ce lavement un peu tiéde.

Autre lavement très-bon.

Prenez tabac à fumer une livre, coupé menu; mêlez-le dans un pot &

demi d'eau, faites cuire jusqu'à réduction de la moitié ; passez-le, & ajoutez un quart de livre d'huile de noix ou de navettes; pour nourriture on lui donnera du bon foin en petite quantité; ou le fera boire de l'eau tiede dans laquelle on jettera une poignée de farine. Dans toutes les tranchées mes poudres font des merveilles.

ARTICLE. V.

Boucle à la langue & à l'entrée du fondement.

LES bœufs & les vaches demandent plus de soins & de recherches dans leurs maladies que les autres animaux; souvent ils périssent sans qu'on ait pû s'appercevoir de quel genre étoit leur mal; c'est pourquoi il est indispensable, dès qu'un bœuf ou une vache perd l'apétit & qu'il ne rumine point, de le visiter par tout; la maladie dont je vais parler est une preuve incontestable de ce que j'avance; elle n'est point contagieuse & peut cependant faire périr beaucoup de bétail avant qu'on en ait trouvé la cause: c'est une tubérosité ou petite tumeur que l'on nomme *boucle*, qui vient au bœuf à la langue, ou à l'entrée du fondement; quelquefois à l'un & à l'autre; cette tumeur paraît de la grosseur d'une noisette, de couleur plombée.

CAUSES.

Cette maladie ne leur vient guéres qu'en été, pour avoir été trop échauffé & pas assez abreuvés souvent quand il fait chaud.

SYMPTOMES.

L'animal perd l'apétit & ne rumine pas, mais comme ce mal prend au travail comme à l'écurie, il est bon de faire attention si le bœuf a autant d'ardeur qu'à son ordinaire, & s'il manque de courage & qu'il soit triste il faut l'examiner de près; si on trouve le mal, & que ce soit celui dont je parle, voici la maniere de le traiter.

CURATION.

Du moment que l'on apperçoit la tumeur, ſoit à la langue ſoit au fondement, il faut l'ouvrir avec ce que l'on aura ſur ſoi, pourvu qu'on la faſſe ſaigner & qu'on faſſe ſortir l'humeur; car ſi on perd du tems l'animal peut périr par la malignité de cette humeur qui ſe répand dans le ſang & cauſe la gangrêne (après que vous l'aurez ouvert & fait ſaigner, ſi vous êtes dans la campagne, frottez bien la partie avec un peu de terre; ſi c'eſt à l'écurie, trempez du vert de porreaux (c'eſt-à-dire des queues de porreaux) dans du vinaigre, & frottez-en la plaie; enſuite vous donnerez le breuvage ſuivant pour le rafraîchir.

Prenez : feuilles d'oſeille, de laitues, chicorée, de chaque une poignée, faites cuire le tout un quart d'heure, dans deux pots d'eau, paſſez par un linge & donnez-en quatre fois, à l'animal.

ARTICLE VI.

Gonflement.

CETTE maladie qui paraît n'être rien peut cependant avoir des suites fâcheuses, puisque l'animal qui en est attaqué peut périr très-promptement & que tout un troupeau peut en être atteint au même moment.

CAUSES.

Le gonflement ne vient au bétail que pour avoir été conduit au pâturage avant que le soleil ait dardé ses rayons sur l'herbe chargée de rosée, ou pour avoir mangé trop de treffle.

SYMPTOMES.

L'animal qui a mangé de l'herbe chargée de rosée ou du treffle, a le cuir si tendu qu'il sonne comme un tambour, & on ne lui voit plus de creux aux flancs.

CURATION.

Les habitans de nos compagnes ont pour habitude, dès qu'ils voyent une de leurs bêtes attaquées du gonflement, de leur percer le cuir & même la chair, car j'en ai vû qui leur enfonçaient un couteau jusqu'au manche. Je laisse ce remede à qui voudra l'employer, toutefois en leur faisant observer qu'il me paraît pire que le mal; voici pour ceux qui voudront suivre mes avis un remede qui ne m'a jamais manqué.

Prenez un pot de terre vernissé dans lequel vous mettrez un pot de bonne eau de vie; ensuite vous prendrez les gousses de quatre grosses têtes d'ail, vous les pelerez & les mettrez dans l'eau de vie, après les avoir coupées en petits morceaux; ensuite vous allumerez l'eau de vie avec un morceau de papier & la laisserez brûler jusqu'à ce qu'elle s'éteigne d'elle-même. Lorsqu'elle ne sera plus que tiéde vous y mettrez un verre d'huile d'olive & autant d'huile de navettes;

vous ferez avaler toute cette dose au bœuf malade, qui aura été promené pendant la préparation du remede; après qu'il l'aura pris, vous le couvrirez pour le faire suer, ce qui le guérira; deux heures après vous lui donnerez à manger après; qu'il aura mangé vous le ferez boire de l'eau un peu tiéde dans laquelle vous jetterez une poignée de farine; observez que cette dose est pour un gros bœuf, & qu'il ne faut que les trois quarts pour une vache, & pour un veau à proportion.

NB. Si le gonflement venait pour avoir mangé quelque chose de venimeux, il faudra lui faire avaler deux onces de thériaque dans du vin.

ARTICLE VII.

Avant-cœur, que l'on nomme dans ce pays *lovat* ou *lovet*, en allemand *huntsch*, & le *quartier*.

CETTE maladie dont j'ai déja parlé à l'article des chevaux, attaque principalement les bœufs & les vaches ; le ravage qu'elle fait est si considérable que dans peu de jours plusieurs villages peuvent être ruinés, si on n'y apporte pas promptement du secours; le plus efficace serait de tâcher de la prévenir, ce que je ne crois pas difficile, d'après ce que j'ai vû & fait moi-même, l'été de 1793, où elle s'est manifestée d'une maniere cruelle pour quelques villages où j'ai été appellé; celui qui en a le plus souffert de ceux que j'ai visités est Chamblon près Yverdon, où le jour de mon arrivée la dix-septieme bête venait de périr.

Je dis donc que l'on peut prévenir,

ſi non en tout, du moins en très-grande partie, la perte qu'occaſionne cette maladie ; & voici ſurquoi je me fonde : j'ai fait ouvrir un bœuf péri preſque ſubitement de cette maladie, j'examinai avec attention toutes les parties, je les trouvai auſſi ſaines que celles des bœufs que l'on tue à la boucherie, la rate ſeule était épaiſe par le grand volume du ſang dont on n'avait point diminué la maſſe ; je cherchai enſuite à m'éclairer ſur la nature de la tumeur qui paraît dans ce mal, & je vis (je ne puis le dire ſans gémir ſur l'ignorance des opérateurs) qu'on avait accéléré la mort de l'animal en augmentant ſon mal de pluſieurs playes énormes où la gangrêne s'était manifeſtée ; d'après ces lumieres je dirigeai mon traîtement ; il y avait alors onze bêtes malades, je les fis ſaigner toutes ; enſuite je les traitai comme on verra ci-après dans l'article de la curation : de ces onze ils en rechappa neuf, deux périrent avant que j'euſſe le tems de leur donner mes remedes.

Je viſitai dans le même village les

beſtiaux bien portants, je leur fis faire une ſaignée de précaution & leur donnai mes poudres préſervatives ; j'en trouvai un qui me parut mériter attention, quoiqu'il mangeât & ruminât comme les autres; j'avertis le propriétaire, on le mit à part, & le lendemain le mal ſe déclara, & fut guéri par le traitement indiqué; tous les autres furent préſervés.(*a*) On voit par là qu'en viſitant tous les beſtiaux dès le moment qu'il y en a un de malade, on peut prévenir le mal, qui alors eſt ſans danger chez ceux où il ſe déclare, pourvû qu'on leur ait fait une ſaignée & donné enſuite une doſe de mes poudres préſervatives en breuvages.

Une autre obſervation eſſentielle que j'ai faite, c'eſt qu'on peut, ſinon prévenir entierement la maladie, du

---

(*a*) Je fis la même obſervation ſur un des bœufs de la ville d'Yverdon qui buvait, mangeait & travaillait bien; je dis à Mr. le Métral qu'il fallait le veiller; on le mit à part : au bout de trois jours il prit le mal & fut guéri.

moins en diminer de beaucoup les progrès & la malignité, en tenant les écuries propres, même en hyver; c'est une chose que l'on ne saurait trop recommander, car la chaleur que procure le fumier qui séjourne longtems dans l'écurie est très mal-saine.

CURATION.

La premiere chose que l'on doit faire quand cette maladie régne & qu'un bœuf en est attaqué, c'est de le saigner une fois, & s'il y avait de l'oppression, c'est-à dire qu'il eut de la peine à respirer, il faudrait réitérer la saignée; ensuite si la tumeur paraît, il faut l'ouvrir avec un bistouri, non pour y faire des playes énormes comme j'en ai vu, mais seulement pour empêcher que le mal ne rentre; on ouvrira donc la tumeur en plusieurs endroits suivant, sa grosseur; on fera devant, derriere, & dans le milieu des ouvertures de la longueur & de l'épaisseur du petit doigt, dans lesquelles, pour empêcher qu'elles ne se ferment, on mettra des tentes enduites d'onguent d'althéa, huile de laurier ,

& beurre frais, bien mêlés enſemble ; on changera ces tentes deux fois par jour, ayant ſoin à chaque fois de laver la playe avec du vinaigre ; on donnera tout de ſuite, une once & demi de thériaque dans du vin, ſi on en a, ou ſimplement dans de l'eau ; on donnera deux ou trois fois par jour le lavement ſuivant.

Prenez mauves & guimauves, mercuriale, pariétaire, de chaque une poignée, que vous faites cuire dans de l'eau ; vous paſſez par un linge & vous ajoutez ſur le tout un bon verre de miel. Pour la nourriture vous donnerez à l'animal des feuilles de vignes, ou de laitue, ou du foin légérement arroſé, & peu à la fois, & lui ferez boire ſouvent de bonne eau, avec un peu de farine ; s'il ne voulait pas boire de lui-même il faudrait le lui donner avec une bouteille.

Dans le milieu de la maladie, il eſt très-néceſſaire de donner une priſe de mes poudres, qui en purifiant le ſang, facilitera l'effet des autres reme des.

ARTICLE VIII.

De la toux.

AU printems & en automne les bœufs sont sujets à la toux, les uns pour avoir été mouillés, par des pluies froides, les autres pour avoir bû ayant chaud.

CURATION.

On donne au bœuf qui tousse une décotion de chien-dent & deux ou trois poignées de lentilles moulues, cuites dans un pot & demi d'eau ; donnez-le tiède.

Pour quelle toux que ce soit, mes poudres sont excellentes en breuvage ; quand la toux est récente, une seule prise suffit ; quand elle est vieille on lui en donnera deux ou trois de suite.

ARTICLE IX.

Indigestion.

LES animaux comme les humains, sont sujets aux indigestions ; cette maladie peut devenir dangereuse si l'on n'y fait pas attention.

SYMPTOMES.

On connait qu'un bœuf a une indigestion par un bruissement fréquent qu'on entend dans son ventre, & par les rots qu'il jette : il est dégouté & ne rumine point, son ventre n'est pas libre comme à l'ordinaire, & il ne se léche pas le corps comme de coutume.

CAUSES.

Ce mal vient au bœuf pour avoir mangé trop d'avoine ou du mauvais foin rouillé, ou pour avoir bû de l'eau mal saine.

CURATION.

Cette maladie se traite comme il est dit à l'article du dégout; mes poudres données en breuvage sont encore merveilleuses pour ce mal.

ARTICLE X.

Diarhée.

CE mal est un flux de ventre par des déjections fréquentes d'excrémens mal digérés.

C'est un bénéfice de santé quand il ne dure que deux ou trois jours, mais quand il continue plus longtems il est dangereux qu'il ne se change en flux de sang.

CURATION.

On ne lui donnera pour nourriture que de l'orge mêlé avec de la paille de froment hachée; on lui donnera pendant quelques jours une once & demi à deux onces de thériaque dans du vin ; ce remede est très bon pour consumer les mauvaises humeurs & arrêter le cours du ventre.

ARTICLE XI.

De la Fievre.

LA fievre est une chaleur contre nature d'un sang trop agité qui augmente la chaleur de toutes les parties du corps & qui en dérange toutes les fonctions.

SYMPTOMES.

On connaît qu'un bœuf a la fièvre lorsqu'il respire difficilement avec battement de flancs, & qu'on lui sent tout le corps dans une chaleur excessive, il est triste & a la tête baissée.

CAUSES.

Cette maladie vient aux bœufs pour avoir ete trop échauffé au travail, ou pour avoir bù de l'eau corrompue ou avoir mangé du foin pourri, où niellé.

CURATION.

Si la fiévre eſt venue pour avoir été échauffé au travail, il faut ſaigner l'animal au cou, lui tirer deux livres de ſang; ne point le ſortir de l'écurie & le tenir chaudement; ſi c'eſt en été on le nourrira d'herbe fraiche, dans laquelle on mêlera des feuilles de vigne ou de laitue; en hiver on humectera ſon foin & on lui donnera du ſon mouillé : on le fera boire de l'eau bien claire dans laquelle on mettra deux poignées de farine de ſeigle; dans le tems des pommes on pourra en faire cuire dans de l'eau, & après avoir paſſé par un linge, on lui donnera à boire l'eau; ſi on peut ſe procurer du verjus on en exprimera le jus dans ſa boiſſon, ſinon on lui donnera la boiſſon ſuivante.

Prenez racine de guimauves une poignée, faites cuire dans trois pots d'eau que vous réduirez jusqu'à deux pots ; vous passerez par un linge, vous ajouterez trois onces de cristal minéral ; vous mêlerez un demi pot de cette décoction dans la boisson de l'animal chaque fois que vous le ferez boire.

Le même jour de la saignée on lui donnera des lavemens composés de mauve, de mercuriale, de seneçon, de chaque une poignée dans deux pots d'eau qu'on fera cuire un quart d'heure ; on passe par un linge, & on ajoute deux cuillerées de miel & autant d'huile de noix.

Le lendemain on lui fera prendre le remede suivant :

Prenez lait de chèvre ou de vache (mais le premier vaut mieux) demi pot ; deux verres d'huile de noix, un verre de suc d'oseille ou de verjus, donnez à l'animal en continuant trois ou quatre jours. Si la fievre est occasionnée par la mauvaise qualité des alimens, on saignera, & le lendemain on donnera la médecine suivante :

Prenez feuilles de séné une once, aloës une once, agaric demi once, le tout en poudre, que vous mettrez dans un demi pot d'eau bouillante que vous laisserez infuser jusqu'à ce qu'elle soit froide. Passez & donnez en breuvage; le lendemain de cette médecine vous donnerez le remède suivant.

Prenez gentiane en poudre trois onces; nitre purifié une once; mêlez dans suffisante quantité de miel; partagez cela en deux doses égales dont vous donnerez une le matin & l'autre le soir.

Le lendemain on réitérera la même purgation, et le jour ensuite les doses ci-dessus; on continuera la nourriture indiquée au commencement de cet article, & l'on mettra un peu de nitre dans sa boisson.

ARTICLE XII.

Du mal de Tête.

CETTE maladie eſt une diſtention des membranes du cerveau occaſionnée par une humeur viſqueuſe

SYMPTOMES.

On connaît ce mal par les humeurs que l'animal jette en abondance par les yeux & par les nazeaux; il ſe plaint & ſe tourmente beaucoup; il a la tête enflée & plus chaude qu'à l'ordinaire.

CAUSES.

Ce mal vient aux bœufs par une mauvaiſe digeſtion, ou pour avoir été expoſé à quelque vent coulis.

CURATION.

Il faut commencer par ſaigner & le lendemain purger avec ce qui ſuit.

Prenez

Prenez pulpe de coloquinte demi once, pervenche demi once, le tout en poudre que vous mêlerez dans du miel; vous en ferez deux bols de la grosseur d'une noix que vous roulerez dans du son pour faire avaler à l'animal; ce remede est très-bon; on le nourrira comme dans la maladie précédente : si le dégoût survenait on lui donnerait mes poudres en breuvage.

ARTICLE XIII.

Du pissement de sang.

LES bœufs & les vaches sont très-sujets à pisser le sang, surtout en été lorsqu'ils sont trop échauffés au travail, qu'ils ont été morfondus, ou qu'ils ont mangé de mauvaise herbe.

CURATION.

Le bœuf qui pisse le sang a souvent un battement de flancs accéléré; qu'il l'ait ou non il faut le saigner & lui donner le remede suivant qui est très bon :

Prenez quatre poignées de feuilles de chêne, mettez-les dans deux pots de lait de vache que vous ferez cuire un quart d'heure ; l'ayant passé par un linge, vous y éteindrez deux ou trois fois un fer rougi au feu ; vous donnerez ce remede en quatre doses dans la journée ; la nourriture sera la même que dans les articles précédents.

Les bestiaux sont très-sujets à prendre le pissement de sang, les premiers jours qu'il sont à la montagne ; on est sûr de prévenir cet accident en leur donnant à chacun une dose de mes poudres préservatives avant qu'ils partent pour la montagne, & une dose lors qu'ils y sont arrivés ; de tous ceux auxquels on a donné ce remède de précaution, aucun n'a pris cette maladie.

ARTICLE XIV.

Rétention d'urine.

LA rétention d'urine se connaît en ce que le bœuf qui en est atteint fait des efforts pour uriner, sans pouvoir le faire.

CAUSES.

Cette incommodité vient pour avoir bû beaucoup d'eau froide ayant fort chaud, ce qui occasionne des glaires dans les reins qui bouchent le passage; on pourroit éviter cet accident, en ayant soin de laisser reposer & raffraichir les animaux, & de leur donner un peu à manger avant de les faire boire.

CURATION.

Donnez le reméde suivant, dabord que vous voyez que votre bœuf fait des efforts inutiles pour uriner.

Prenez : nitre une bonne pincée & quatre gousses d'ail ; pilez le tout & mettez-le dans un pot de vin blanc, pour faire avaler en deux doses: voici un autre remède qui est aussi très-bon.

Prenez une once de colophane en poudre bien fine, que vous ferez avaler à l'animal dans un demi pot de vin : il faut continuer l'un ou l'autre de ces remèdes jusqu'à entiére guérison.

ARTICLE XV.

Etranguillons.

CETTE maladie est une espèce d'esquinancie, qui vient aux bœufs & qui demande un prompt secours, parce que l'animal court risque d'en être étouffé.

SYMPTOMES.

On connaît qu'un bœuf est attaqué de ce mal par une inflammation dans les glandes situées près du gosier ; qui lui gêne la respiration : il est triste, il a la tête baissée, les oreilles & les cornes froides, & la bouche chaude, & séche: quelquefois ce mal est accompagné de tranchées & de rétention d'urine.

CAUSES.

Les causes sont à-peu-près les mêmes que dans les précédentes ; la qualité des alimens, un travail excessif, ou un refroidissement subit pris ayant chaud.

CURATION.

On commence par faire une saignée au cou, ensuite on donne quelques coups de lancette aux glandes qui sont sous la gorge ; on les frotte avec de l'onguent basilic & de celui d'althéa ; il faut tenir cette partie chaudement en lui mettant sur le cou une couverture pliée ; après ces opérations on donnera plusieurs lavemens comme suit.

Prenez : feuilles de mercuriale, de

mauves, de pariétaire, de chaque une poignée ; faites cuire dans deux pots d'eau jusqu'à diminution d'un tiers ; on passe par un linge & on ajoute six onces de miel & demi livre d'huile de noix ; on remet cuire le tout un moment, ensuite on le laisse refroidir & on le donne en lavemens ; si l'animal était tourmenté de tranchées, une prise de mes poudres données en breuvage y remédiera : si la retention d'urine survenait, on donnerait les remedes que j'ai indiqué pour cette maladie à l'art XIV.

Si le mal était pressant on lui donnerait en breuvage un gros de sel de tartre, avec une once de thériaque dans un demi pot de vin rouge : sur la fin de cette maladie, on purgera avec ce qui suit.

Prenez : une once de Jalap en poudre, deux gros de sel de nitre, donnez-le en breuvage dans un demi pot de vin.

Des maladies contagieuses des bœufs.

ARTICLE I.

De la Fievre pestilentielle.

DANS les animaux qui sont morts de cette maladie, on ne découvre en les ouvrant qu'inflammation; le premier estomac (en suivant d'abord les organes de la digestion) est rempli d'une quantité prodigieuse d'alimens, quoique ces animaux ayent demeuré sept à huit jours sans manger; en poursuivant on trouve le feuillet rempli d'alimens secs, durcis & semblables à des mottes à brûler; les membranes de ce viscère noirâtres & gangrenées se déchirent aisément; le dernier estomac est partout d'un rouge pourpre, parsemé de taches violettes; on y trouve quelquefois du pus; la membrane intérieure s'enlève facilement; en parcourant le canal inteſtinal on y remarque une inflammation conſidérable accompagnée des mêmes taches, mais plus larges & plus conſidérables qu'aux eſtomacs. Dans pluſieurs de ces bêtes, on remarque des taches noires; dans les unes le foye paraît plus gros qu'à l'ordinaire & d'une couleur plus foncée, dans d'autres toute la ſubſtance de ce viſcère eſt enflammée; dans d'autres enfin il y a une moindre inflammation, mais dans preſque toutes on trouve la véſicule du fiel remplie d'une bile corrompue & de conſiſtance trop fluide; la couleur en eſt altérée, elle n'a plus ce verd foncé qui lui eſt naturel. En examinant la plévre, dans la plupart on apperçoit d'un rouge vif & enflammé, les deux lobes du poumon, affectés de même; & dans pluſieurs une matiere purulente fort fétide; la rate eſt gonflée d'un ſang brûlé; & les reins ſont dans l'état ordinaire : on trouve dans la tête de pluſieurs des traces d'une inflammation gangreneuſe; les vaiſſeaux de la dure, & de la piemere gorgés de ſang; on découvre auſſi dans pluſieurs cerveaux une ſuppuration conſidérable & fort puante.

Lorſqu'on n'apporte pas promptement les ſecours néceſſaires aux animaux malades, les uns meurent au bout de huit jours, d'autres au bout de trois, quatre ou cinq jours; on en a vû mourir au bout de quatre heures, quoiqu'on ne leur eût apperçu aucun ſymptôme du mal, & par l'ouverture de leurs corps on y voyoit tous les mêmes accidens intérieurs.

On a reconnu entre cuir & chair de quelques-uns de ces animaux des boutons qu'on peut regarder comme une petite vérole avortée.

A l'extérieur on a remarqué à quelques vaches, autour des mamelons, du pus, des taches livides & pourpreuſes, & au fondement un ſang noirâtre & gangrené.

Il réſulte de toutes ces obſervations anatomiques:

1°. Que les digeſtions ſont entiérement empêchées.

2o. Que les animaux périssent d'inflammation dégénérée en gangréne.

3o. Que le venin pestilentiel dont toute la masse est infectée, cause l'épaississement & la pourriture dans les humeurs & les parties solides.

Il est question d'examiner présentement quels sont les symptômes des différentes maladies contagieuses du bétail à cornes.

SYMPTOMES

De la Fièvre pestilentielle.

Dans cette maladie comme dans toutes les autres, l'animal dans les commencemens paraît triste & morne, il a la tête penchée & ne peut la relever ; ensuite il est tellement abattu & faible qu'il ne peut se tenir sur ses pieds ; couché il ne peut plus se relever, il ne rumine plus, il est dégouté à ne vouloir ni boire ni manger de tout ce qu'on lui présente ; survient un tremblement qui annonce une fièvre qui va bientôt se déclarer ; la langue dévient séche & arride, & paraît tantôt noire, tantôt blanche; il jette par les yeux, par la bouche & par les nazeaux une matiere blanchâtre & de mauvaise odeur, mêlée quelquefois de sang; quand cette évacuation se supprime le gosier s'enflamme, la respiration devient difficile; de plus en plus les flancs battent, le râlement, le sifflement & la toux succédent, l'animal périt en peu de tems si on n'y apporte de prompt secours.

Cette maladie a différens noms, on la nomme catharre, on l'appelle aussi péripneumonie, par rapport à la toux & à l'oppression qui sont les principaux symptômes; dans cette maladie le lait des vaches se supprime dès le commencement; on en voit dont la vulve est enflammée, & extrêmement enflée; elle sort au déhors & il s'en écoule une matiere sanieuses très-fétide: cet accident est mortel.

CURATION.

On ne peut s'appercevoir du commencement de la maladie que par une attention très-exacte ; en peu de tems elle fait des progrès très-rapides, & on ne la découvre souvent que quand le mal est bien avancé.

Tout le succès de la curation dépend du tems convenable pour l'administration des remedes ; quand ils ne sont pas donnés à tems ils deviennent inutiles ; pour éviter ces inconvéniens on doit visiter plusieurs fois par jour ses bêtes, & du moment qu'on s'apperçoit qu'un animal ne mange pas, & qu'il ne rumine pas, c'est une marque certaine qu'il est malade.

Quand on sera assuré que son mal est celui dont je viens de parler, on lui fera sans perdre de tems une forte saignée au cou, suivant la force de l'animal ; dans cette maladie il faut qu'elle soit abondante ; on peut lui tirer depuis quatre, jusqu'à sept livres de sang, & réitérer le lendemain si les fyptômes ne font pas fenfiblement diminués. Le troifieme jour on recommencera la faignée, fi les deux n'ont pas produit l'effet que l'on defire, mais il faut obferver de ne jamais faigner après le troifieme jour, quand même on ne l'aurait pas fait les premiers jours, car alors non-feulement la faignée ferait inutile, mais elle deviendrait même mortelle, du moment où l'animal eft dans le tremblement, qui eft le friffon qui précéde la fievre, la faignée eft pernicieufe; le fang a contracté alors trop d'épaiffiffement: on lui fera avaler dans ce cas deux onces de thériaque délayée dans un bon verre de vinaigre & autant d'eau, & on aura foin de le tenir couvert pour exciter la fueur; fi l'animal eft conftipé (ce qui arrive fouvent) ou que fes excrémens foyent durcis & brulés on lui donnera plufieurs lavemens compofés comme fuit.

Prenez : mauves & guimauves, parietaire & mercuriale, de chaque une bonne poignée que vous faites cuire dans deux pots d'eau ; vous paffez & vous ajoutez un peu de miel &

un petit verre d'huile d'olive, une once de sel de nitre ou de cuisine ; donnez ce lavement deux fois par jour.

Dans cette maladie, il ne faut point employer de purgatifs ; on continuera les lavemens jusqu'à guérison ; dans toutes les maladies contagieuses les cautères sont de toute nécessité, c'est pourquoi dans celle-ci l'on passera un séton au-dessous du cou, avec une aiguille d'acier de la grosseur d'un poinçon (ou alêne de Cordonnier) enfilée d'un cordon fait avec sept à huit fils, enduits de poix, & qui ne soit point tordu : on tirera ce cordon deux ou trois fois par jour, & on essuyera la matière qui y sera attachée en faisant attention qu'il ne sorte pas, ce qu'on évitera en nouant les deux bouts. Il est essentiel de faire cette opération dès le commencement de la maladie. Pour prévenir la gangrène & calmer la violence de la fièvre, on lui donnera dans un demi pot d'eau ou de petit lait, de trois heures en trois heures le remède suivant que je tiens d'un fameux médecin qui l'a employé avec le plus grand succès dans une maladie contagieuse.

Prenez : nitre, tartre de vin blanc, de chacun une livre ; crême de tartre, quatre onces ; camphre, deux onces ; on réduit toutes ces matières en poudre fine ; la dose est d'une demie once que l'on donne comme j'ai dit ci-dessus.

La nourriture de l'animal sera d'une décoction d'avoine, d'orge ou de seigle que l'on aura fait cuire dans suffisante quantité d'eau pendant une heure & passé par un linge clair ; on lui en donnera de six en six heures ; il faut bien se garder de lui donner du foin, l'usage en est très-dangereux ; on lui donnera souvent à boire de l'eau de son que l'on aura fait cuire en faisant bien sortir toute la farine ; on ajoutera dans cette boisson une once de nitre sur chaque seille d'eau & un bon verre de vinaigre. Une chose très-essentielle dans cette maladie, c'est de laver & frotter soir & matin, la bouche, les gencives & la langue des bêtes malades avec le mêlange suivant.

Prenez : vinaigre un pot, poivre une pincée, autant de sel, assa-fœtida un petit morceau concassé ; vous mêlerez ces drogues dans le vinaigre ; on le remue toutes les fois qu'on veut s'en servir. Si l'animal refusait de prendre de la nourriture & de la boisson, il faudrait lui en faire prendre avec la corne ou un entonnoir.

Si après avoir fait tout ce qui est dit ci-dessus, la fièvre, la difficulté de respirer & l'insomnie étaient toujours considérables, on lui donnera une heure & demi après chaque prise de la poudre que j'ai indiquée, le remède suivant.

Prenez : vinaigre du meilleur que vous pourrez trouver, trois pots ; miel crud, six livres ; nitre purifié demi livre ; huile de vitriol, demi once ; mettez ces drogues ensemble sur un très-petit feu, remuez sans cesse pendant un quart d'heure, ayant bien soin de ne pas les laisser bouillir ; retirez-les du feu & laissez refroidir ; on en donne deux cuillerées à ſoupe entre les doſes de la poudre, comme j'ai dit ci-deſſus, juſqu'à ce que l'animal ſoit ſoulagé.

Si le cours de ventre ſurvenait comme il arrive auſſi quelquefois, il faudrait ſuprimer les huiles & diminuer de moitié les doſes des remèdes indiqués, & faire boire à l'animal force petit lait, mêlé avec de la farine, comme on fait l'eau blanche.

Quand les animaux commencent à ſe rétablir, ou qu'ils paraiſſent guéris, il ne faut pas ſuſpendre les remèdes tout-à-coup; il faut leur en continuer l'uſage, & les quitter petit à petit en en donnant moins ſouvent, & n'en faiſant prendre qu'une moitié, un tiers, un quart de doſe &c., dans des intervalles plus éloignés, c'eſt-à-dire, deux ou trois fois par jour.

Une précaution très-eſſentielle, c'eſt de frotter deux ou trois fois par jour les bêtes malades, avec une étrille ou un bouchon de paille bien ferme; par ce moyen on ouvre les pôres, ce qui facilitera la tranſpiration & fera échapper une grande partie des humeurs.

Dans cette maladie comme dans toutes les autres, la propreté est de toute nécessité ; il faut nettoyer les étables deux fois le jour ; on met le fumier dans un trou que l'on fait exprès & qu'on couvre de terre ; il faut aussi avoir soin d'ouvrir portes & fenêtres pour donner de l'air quelque tems après que l'on aura parfumé avec les parfums que j'ai indiqués à l'article de la fievre pestilentielle des chevaux.

ARTICLE II.

De la dissenterie.

CETTE maladie est quelquefois symptomatique à la fièvre pestilentielle.

SYMPTOMES.

Elle commence à se déclarer par un *tenesme* ou difficulté de fienter, avec de fréquentes envies, qui tourmentent l'animal; il lui survient ensuite un flux de ventre mêlé de sang, dont les déjections sont fort fétides, accompagnées de douleurs qui se font connaître par ses plaintes.

CURATION.

On donnera d'abord le remede suivant.

Prenez : quinquina du meilleur, demi livre; cinabre, quatre onces; camphre deux onces; nitre purifié quatre onces, le tout bien tritturé & mêlé; on en fera une opiate d'une consistance molle avec une quantité suffisante du sirop ci-après.

Prenez : quatre bonnes poignées d'oseille que vous mettrez dans un pot d'eau; vous ferez cuire pendant une heure, ensuite vous passerez par un linge & vous ajouterez une livre de miel que vous ferez cuire encore une demi heure, & le sirop sera fait; on donnera soir & matin, jusqu'à guérison, une once de cette opiâte délayée dans deux verres de décoction d'oseille.

On donnera par jour deux lavemens, faits avec des mauves, des feuilles de bouillon blanc & de la mercuriale, de chaque une poignée qu'on mettra dans suffisante quantité d'eau, qu'on fera cuire un quart d'heure, & où l'on ajoutera, après l'avoir passée par un linge, un verre de miel & un peu de vinaigre.

Si le flux venait au bœuf après avoir été purgé on lui donnera une once de thériaque avec une once & demi de gentianne en poudre, dans la décoction d'oseille; la nourriture sera la même que dans la maladie précédente; on le fera boire à l'eau blanche que l'on aura ferrée en éteignant par trois fois un fer rougi au feu.

ARTICLE III.

Du scorbut.

C'EST une maladie contagieuse des bœufs qui ressemble à la ladrerie des cochons.

SYMPTOMES.

Il parait plusieurs grains sur les levres & sur la langue qui devient fort rude; si on neglige ce mal, la langue se corrode & se détache en peu de jours & les animaux périssent aussi-tôt.

CURATION.

Faites une saignée au cou, frottez ensuite avec un morceau de linge trempé dans du fort vinaigre, la langue de l'animal plusieurs fois par jour; après que vous l'avez frotté, mettez-lui quelque chose dans la bouche pour la lui tenir ouverte afin de le faire baver.

Donnez-lui le soir une once de thériaque, mêlée avec une once & demie de gentiane dans deux verres de décoction d'oseille; le lendemain ou le surlendemain vous purgerez avec ce qui suit.

Prenez feuilles de séné une once, mettez-les infuser dans un demi pot d'eau bouillante l'espace d'une heure, hors du feu ; passez cette infusion & ajoutez une once d'aloës en poudre ; faites-le prendre tiéde à l'animal le matin : le même soir, donnez-lui une once & demi de thériaque comme il a déja été dit ; la nourriture doit être la même que dans les deux maladies précédentes, où on lui donnera souvent à boire de l'eau blanche ; s'il refuse de boire on la lui fera prendre avec la corne ou une bouteille.

ARTICLE IV.

Des boutons pestilentiels qui surviennent à la langue & au fondement des bœufs.

AUSSI-TÔT qu'on appercevra un ou plusieurs boutons dessus & dessous la langue d'un animal, de même qu'au fondement, il faudra d'abord les lui couper avec un rasoir, ensuite on les lavera à l'endroit où auront été faites les incisions, avec ce qui suit.

Prenez : vinaigre un pot, deux têtes d'ail pelées & hâchées, une cuillerée de ſel, une demi cuillerée de poivre en poudre; on remuera bien le tout, chaque fois qu'on s'en ſervira; on trempera un linge dans ce mêlange & on en lavera bien la langue & le fondement pluſieurs fois le jour, juſqu'à guériſon.

A B U S.

J'ai vu pluſieurs de ceux qui traitent les beſtiaux ſe ſervir d'une pièce d'argent, d'un couteau ou de la pierre de vitriol pour râcler les boutons qui ſe trouvent à la langue, pour les faire ſaigner; cette méthode eſt dangereuſe, parce qu'elle forme des eſcarres qui nuiſent beaucoup à l'animal & l'empêchent de manger pendant long-tems.

Il ſuffit de faire les lotions comme je viens de dire, enſuite faire des frictions ſur les inciſions avec un oignon coupé; ſi on appercevait un ulcère déja formé à la langue de l'animal ſans lui avoir coupé le bouton, il faudrait le frotter avec la même lotion dont il eſt déja parlé. On aura ſoin de lui mettre matin & ſoir, au moins une heure chaque fois, quelque choſe dans la bouche pour la lui tenir ouverte, afin qu'il puiſſe baver, & cela pendant tout le cours de la maladie. S'il ſurvenait de la fievre, avec battement de flancs, il faudrait le ſaigner au cou, & le lendemain le purger avec ce qui ſuit.

Prenez jalap en poudre deux drachmes, diagrède une once, antimoine non lavé deux onces; mêlez ces poudres avec du miel & délayez-les dans un demi pot de vin pour donner en breuvage, & à défaut de vin, dans une décoction de grains de genievre.

ARTICLE V.

Du farcin.

CETTE maladie commence par une tumeur ou bouton qui vient au corps ſans avoir de place fixe, elle eſt ſouvent fouvent accompagnée de fievre & de battemens de flancs.

CURATION.

Il faut faigner dès le commencement ; trop tard la faignée ferait nuifible ; après cela on ouvre la tumeur en croix, en quel endroit du corps qu'elle fe trouve ; on lavera la playe avec du vinaigre & du fel, après quoi on mettra deffus de la thérébentine mêlée avec un jaune d'œuf ou du miel ; on panfera la plaie deux fois par jour, ayant foin de la laver chaque fois.

On donnera pendant plufieurs jours une once de thériaque dans une décoction d'ofeille, ou dans un verre de vinaigre & autant d'eau.

Auffi-tôt que la fuppuration de la plaie commencera à diminuer, on purgera l'animal avec ce qui fuit.

Prenez : crocus mettalorum, une once ; affa-fœtida, demie once ; jalap & aloës de chaque trois gros ; le tout en poudre, que vous mêlerez avec fuffifante quantité de miel que vous délayerez ensuite dans un demi pot de vin mêlé d'eau ; donnez-le tiéde à l'animal. Le lendemain vous lui donnerez encore la même purgation, & vous continuerez la thériaque jusqu'à ce que l'animal soit mieux.

Il faut avoir soin dès le commencement de lui laver la bouche & l'intérieur des nazeaux avec du vinaigre, où l'on délayera un peu de thériaque, & lui tenir la bouche ouverte une heure matin & soir pour le faire baver ; il faut lui frotter le corps avec une étrille ou un bouchon de paille bien dur, & cela tous les jours deux ou trois fois. Les fumigations sont essentielles dans cette maladie.

ARTICLE VI.

De la petite vérole *maligne des bœufs.*

CETTE maladie se fait connaître par un nombre considérable de boutons qui paraiſſent par tout le corps, & à la langue.

CURATION.

La ſaignée ſerait très-utile tout-à-fait dans le commencement, mais auſſi-tôt que le nombre des boutons parait s'augmenter & que les accidens diminuent, il ne faut pas tirer de ſang ; on s'appliquera uniquement à entretenir l'éruption par l'uſage des ſudorifiques tel que le ſuivant qui eſt très-bon.

Prenez : une once de ſuie de cheminée que vous rendez très-fine, une once & demie gentiane en poudre, vous mettez le tout dans un demi pot de vin ; vous donnez ce remède matin & ſoir pendant quatre ou cinq jours.

Autre remède pour le même mal.

Prenez : camphre deux drachmes, faites le diſſoudre dans un verre d'eau de vie, ajoutez une demie once de criſtal minéral ; mettez-le tout dans un demi pot d'eau blanchie avec un peu de farine ; ce remède eſt très-prompt & convient beaucoup dans les maladies inflammatoires contagieuses des bestiaux.

Quand on voit que les boutons supurent & qu'ils se forment en gales, on peut espérer la guérison.

On aura soin de leur laver la langue deux ou trois fois par jour avec du vinaigre & de la thériaque; on met pour cela une once de thériaque dans un pot de vinaigre; on leur tiendra la bouche ouverte pour les laisser baver ; on continuera jusqu'à guérison.

Lorsque les gales commenceront à sécher on purgera les animaux avec la médecine suivante.

Prenez : Jalap une once ; gomme gutte deux dragmes; fleur de soufre une demi once ; faites avaler le tout dans un demi pot de vin ou dans autant de décoction de genièvre en grains : on ne négligera pas les fumigations tout le tems de la maladie, & le même régime que dans les précédentes.

On tiendra l'animal malade chaudement à l'écurie, & on ne le mettra au paturage qu'après une entiére guérison & par un tems doux.

Remarque essentielle.

Il faut faire attention de ne jamais se servir de vases de cuivre pour faire les décoctions, ou les infusions où il entre du vinaigre ou d'autres acides, parce qu'ils formeraient du verd-de gris, il faut se servir pour cela de vases de terre ou de fer.

Il faut observer aussi que les doses des remedes que j'ai indiqués dans ce traité sont pour les animaux de taille ordinaire; alors ceux qui les donneront doivent se regler sur la force de l'animal qu'ils traiteront.

MOYENS.

De préserver les animaux de nombres de maladies.

La nature des fourages & singuliérement des paturages est une des causes des maladies épidémiques qui attaquent la bétail ; on ne fait généralement pas assez attention à la qualité des fourages que l'on recueille, la quantité est ce qui occupe le plus; dans ce pays le treffle qui est en grande considération devrait être proscrit comme un poison lent, sur-tout pour les animaux qui passent l'hyver à l'écurie sans faire le moindre exercice. Nombre de bestiaux, à ma connaissance, ont été les victimes de cette nourriture; ce qui vient d'arriver à un cheval appartenant à Mr. de Goumoens (que j'ai traité & guéri comme on le verra par le certificat dudit Mr. de Goumoëns, convaincra peut-être que ce que je dis du treffle mérite l'attention des agronomes.

Le treffle n'est pas le seul objet sur lequel on doit prendre des précautions ; le foin que l'on recueille, les paturages où l'on met les animaux, demandent un examen pour le moins aussi exact : les brouillards, les pluies abondantes, produisent une nielle & une rouille qui rendent les fourages mal sains; dans les paturages bas, par exemple, les herbes sont plus souvent gatées de la nielle par rapport aux terreins marécageux dans lesquels les exhalaisons nuisibles s'élèvent, ce qui occasionne aux fourages une pourriture inévitable & les fait dégénérer; la rosée qui ne doit tomber sur les plantes que pour les humecter d'une liqueur douce & balsamique, & contribuer à leur développement & à leur végétation, n'est quelquefois pas sans dangers; plus encore que les brouillards, elle devient nuisible aux grains & aux herbes qu'elle pénétre plus intimément; elle en augmente la rouille & le nébrun par les parties acides & corrosives dont elle est remplie; cette rouille des fourages procure des maladies épidémiques aux bestiaux, comme la rouille des grains qui en sont ébrunés cause des épidémies aux gens de la campagne.

Il est aisé de concevoir quels effets peuvent faire dans le corps des animaux des substances aussi dégradées; elle forment par leur acidité un chyle gluant, épais, visqueux & tenace, qui occasionne un épaississement considérable dans les humeurs & une disposition à l'inflammation & à la pourriture. Pour prévenir ces mauvais effets, on ne doit point jetter les animaux dans quel paturage que ce soit, avant que l'herbe chargée de rosée ait reçu les rayons du soleil qui doivent en dissiper les parties les plus crues & les plus ténues.

Dans les prés bas & marécageux il faudrait faire des fossés assez grands pour en épuiser les eaux; la terre qu'on en tirerait pourrait non-seulement être jettée & répandue dans les prairies même, mais encore être transportées sur les terres propres au labour; elle y fera autant de bien que le meilleur fumier.

Je donnerai quelques moyens de substituer à ces fourages (surtout pendant la saison stérile de l'hyver, & en été, si les accidens dont j'ai parlé existaient & qu'on s'en fut apperçu) des alimens plus salubres & moins dispendieux; on peut en nourrir les animaux toute l'année; ils sont de tout pays & de toute saison, & propres à toutes sortes de bestiaux; ils leur fourniſſent à tous une excellente nouriture & procurent beaucoup de lait aux femelles, ſoit vaches, jumens, brebis, chevres & truies.

Ces alimens feraient très-utiles non-ſeulement en hyver lorſque les fourages ſont rares & de mauvaiſe qualité, mais en été dans les ſécheresſes & les grandes chaleurs.

On peut ſe procurer ce ſuplément de fourage par différentes choſes, comme par les raves & les navets, par le jonc marin cultivé, & beaucoup d'autres choſes.

Les raves & les navets (*a*) ſont très-faciles à faire venir; on choiſit un tems humide pour en ſemer la graine dans les mois de juillet & aouſt, après qu'on a recueilli la navette ou l'orge du printems, on la ſeme dans le même champ après l'avoir bien fumé; les raves ſe plaiſent dans une terre légere & chaude, les navets au contraire ne viennent bien que dans une terre peſante & humide.

(a) Les navets ſont d'une figure longue & viennent fort gros.

Il ne faut que deux livres & demi de graine de raves pour ensemencer un arpent ; pour faire germer plus promptement la semence on y mêle du sable, on met le tout dans un cuvier & on jette dessus quelques seilles d'eau ; on la seme dès qu'on voit le tems disposé à la pluie ; il faut herser la terre avec une petite herse renversée à laquelle on attache des épines pour couvrir légérement les grains d'un peu de terre.

On connait que ces racines sont mûres lorsque les feuilles commencent à jaunir, ce qui est ordinairement sur la fin de novembre : pour les conserver longtems il faut couper les feuilles en arrachant les racines ; on les met dans un lieu tempéré, un peu exposé à l'air pourvu qu'elles soyent à couvert du soleil & de la pluie.

Cette nourriture vaut mieux aux bestiaux que quel foin que ce soit ; pour en faire usage on lavera bien les racines pour les nettoyer de la terre, on les coupe par petits quartiers, on en donne un demi quarteron pour un bœuf ordinaire ; on diminue à proportion de la taille des bestiaux ; on peut les leur donner crues, mais si l'on a dessein de les engraisser, ou de procurer plus de lait aux femelles on les fait cuire à moitié & on les leur donne avec un peu de son. Tout l'inconvénient de cette nourriture c'est qu'elle rend mous les animaux de travail ; alors on ne leur en donne qu'une fois ou deux par semaine : au reste cet inconvénient n'existe guere en hyver, tems où les animaux travaillent peu, & alors c'est une grande ressource dans les cas de disette & pour éviter les maladies.

On peut aussi cultiver du jonc marin que l'on nomme sain-foin d'hyver ; il vient par-tout même sans culture dans les terres maigres & stériles ; il fait une nourriture aussi profitable que le sain-foin ordinaire quand il est semé en bonne terre ; il porte une fleur jaune & commence à fleurir à la fin de l'hyver, mais comme il devient amer quand il est entiérement fleuri, on le coupe avant qu'il fleuriſſe; alors on peut le couper trois ou quatre fois l'an; de cette maniere il eſt toujours tendre & on peut le donner aux beſtiaux preſque toute l'année. Pour éviter que les pointes qui ſont à cette herbe ne les bleſſent en mangeant, on l'entaſſe dans la grange & on la bat bien avec des fleaux; on peut ramaſſer la graine lorſque cette herbe eſt en maturité : dans les landes où elle croît qui ne ſont que des terres ſablonneuſes, cette graine vient en grande abondance; il n'en faut que ſix livres pour enſemencer un arpent de terre; il ſe ſeme comme les raves; quoiqu'il vienne de lui-même dans les terreins arrides, il ſe plait mieux & végéte davantage dans les terres graſſes & humides que dans celles qui ſont ſéches & pierreuſes; on le ſéme au printems. Cette herbe eſt très-profitable aux bœufs & aux chevaux.

Un autre fourage non moins profitable qui eſt de la plus grande reſſource en ce qu'on peut le faire venir dans le plus mauvais terrein, c'eſt la pimpinelle ou pimprenelle, qui ſe cultive auſſi dans les jardins & ſe mange en ſalade ; on choiſit pour la ſemer la terre la plus élevée & la plus arride, & elle vient en abondance. On prépare la terre comme pour les autres graines dont j'ai parlé ; elle croît de la hauteur de trois pieds ; on la ſeme depuis le mois d'avril juſqu'en ſeptembre ; elle donne deux recoltes par an, & vient même en hyver ; il eſt de plus à obſerver que cette plante n'eſt pas ſujette à être empoiſonnée par la nielle comme les autres herbes & que les animaux l'aiment beaucoup.

Les gens de la campagne devraient ſe procurer de ces fourages toujours une année à l'avance. On peut encore quand les fourages ſont rares ou gatés, nourrir les beſtiaux en été avec des feuilles d'orme, de frêne, de chêne, de ſaule & de peuplier, que les animaux mangent avec beaucoup d'appétit ; alors on leur donne un peu de grain, attendu que ces ſubſtances ne ſont pas ſi nourriſſantes que le bon foin.

Les poiſettes ſoit vertes ſoit ſéches font un excellent fourrage : il y a plufieurs autres chofes que l'on peut fubftituer au mauvais foin (voyez là deffus le dictionnaire d'agriculture par l'abbé Rofier, qui en indique de plufieurs efpèces ;) celles que nous indiquons ici font pour ce pays les meilleures & les plus aifées à fe procurer.

Des fumigations & de la maniere de les donner avec fuccès.

Comme j'ai indiqué dans plufieurs endroits de ce traité, les fumigations, & qu'elles font même indifpenfables dans les maladies contagieufes, voici la maniere de les donner avec fuccès.

Vous enveloperez la tête de l'animal depuis le deffus jufqu'aux bout du nez avec un drap qui tombera prefqu'à terre; on introduira le parfum deffous, de maniere que la fumée ne puiffe fortir & que l'animal la refpire toute, en obfervant de ne jamais parfumer avec le feu ; on fait cuire les herbes dans de l'eau & on en fait refpirer la fumée. Dans les maladies contagieuses il eſt néceſſaire de parfumer auſſi le corps des animaux, on ſe ſert alors du feu avec le parfum ſuivant.

Prenez: une once de cire jaune, & une demi once de cinabre bien pulvériſé; mettez dans un plat verniſſé la cire, que vous ferez fondre ſur un petit feu, en la remuant avec une ſpatule de bois, & ajoutez-y petit à petit le cinabre; enſuite vous retirerez la matiere du feu & la remuerez continuellement juſqu'à ce qu'elle ſoit refroidie; vous en ferez des pillules de la groſſeur d'une petite féve; on ſe ſervira d'une de ces pillules pour parfumer un cheval ou un bœuf, en la mettant ſur un rechaud de feu & en couvrant bien l'animal, avec un drap, pour qu'il reçoive toute la fumée; lorſque l'opération ſera finie, on lui laiſſera le drap ſur le dos juſqu'à ce que la ſueur ſoit arretée, & on ne lui laiſſera pas prendre l'air. Ces fumigations doivent ſe faire dans le commencement du mal, & une ſeule fois par jour.

MOYEN SUR

D'empêcher les mouches de tourmenter les bœufs, chevaux, & autres animaux.

En ne mettant les animaux au paturage que lorsque le soleil aura paru, on m'objectera que les mouches les tourmenteront; je vais y remédier en donnant un moyen sûr de les préserver, sans leur faire le moindre mal.

Prenez beaucoup de feuilles de noyer, mettez-les dans un cuvier à l'écurie, jettez dessus plusieurs seilles d'eau bouillante, laissez infuser, jusqu'à ce qu'elle soit froide; plus les feuilles sont pourries, mieux elles valent: on remet de l'eau à mesure qu'elle manque sur les mêmes feuilles, & on éponge avec cette décoction tout le corps des animaux avant de les mettre aux champs; il suffira de les frotter deux ou trois fois par semaine; ce remede est sûr.

NB. Je n'ai point parlé dans ce traité de la gourme qui se réduit à trois espèces; la gourme bénigne, la maligne & la fausse gourme, parce que la bénigne qui attaque ordinairement les jeunes chevaux est très-simple à traiter; le seul usage de mes poudres la fera pousser & préviendra tous les accidens; si par contre elle devient maligne, elle exige des soins très-suivis, & il n'appartient qu'aux gens de l'art de la traiter, ainsi que la fausse gourme; ces deux accidens pouvant dégénérer en pulmonie & en morve.

AVIS.

Mes poudres, dont j'ai parlé fréquemment dans ce traité, sont le fruit d'un travail de vingt années; des expériences réitérées & des observations suivies & multipliées m'ont engagé à y faire dans divers tems des changemens utiles, & les ont portées au degré de perfection qu'elles ont actuellement. Non-seulement elles font ſpécifiques dans toutes les maladies pour leſquelles je les ai indiquées, comme morfondement, vraie & fauſſe gourme, langueur, dégoût, toute eſpèce de tranchées, toutes ſortes de toux, & en un mot dans toutes les maladies qui proviennent de cauſes froides, de crudités ou d'indigeſtions & dans leſquelles elles ont eû juſqu'ici le plus grand ſuccès; mais de plus, elles ſont un préſervatif infaillible contre les maladies contagieuſes, en obſervant de les donner aux beſtiaux bien portant du moment où l'on s'apperçoit qu'il y en a de malades.

Elles ſont auſſi excellentes pour rétablir les animaux qui ont ſouffert de longues fatigues.

Le prix peu conſéquent d'un remède dont les effets ſont auſſi ſalutaires & toujours aſſuré, devrait engager les communautés & tout poſſeſſeur de bétail (ſur-tout ceux qui ſont éloignés des villes) à en avoir toujours d'avance. Les Communautés des environs d'Yverdon, où la contagion a fait tant de ravages l'été de

1793, & où tous les animaux qui ont pris de mes poudres ont été préservés, en ont senti la nécessite, & ont eû la sage précaution d'en faire provision. Les gens peu aisés peuvent avec un certificat de Mrs. leurs Pasteurs s'adresser à moi, soit pour avoir de ces poudres, soit pour me consulter sur les maladies de leurs bestiaux, je leur donnerai gratis, mon seul but étant constamment l'utilité publique.

Les doses sont toutes préparées & cachetées de mon cachet, pour éviter toute contrefaction; l'imprimé signé de mon nom que l'on joindra à chaque dose, indiquera la manière de s'en servir, le prix de chaque dose est de 7 batz & demi, soit 15 sols de Suisse.

On n'en trouve absolument que chez moi à Lausanne, toutes celles que l'on débiterait ailleurs ne seraient que des contrefactions.

Outre mes poudres je posséde un remède sûr pour guérir ce qu'on appelle le *décroît*, de quelle cause qu'il provienne; & aussi pour toutes espèces d'efforts & pour les *molettes*, ſans uſer du feu, & de façon qu'il n'y parait pas plus que s'il n'y en avait jamais eu.

Le but que je me propoſe en donnant cet ouvrage ne pouvant être rempli ſi je n'ai le bonheur d'obtenir la confiance du public; j'ai cru devoir y inſérer le détail de quelques-unes des cures que j'ai faites (tant ſous les yeux de diverſes communes que de perſonnes notables de ce pays) de maladies regardées comme incurables; & dont les certificats ont été vérifiés par les Illuſtres Membres de la chambre de ſanté de Berne.

En 1791 je fus appellé par un gentilhomme anglais, pour un de ſes chevaux qui était tombé malade, il y avait cinq ou ſix jours, du mal de cerf; pluſieurs artiſtes l'avaient condamné. Il vint me prier de le voir: effectivement le mal était au plus haut degré; lorſque je voulus l'approcher pour lui tater le pouls, les yeux lui tournèrent & il tomba à la renverſe; tout ſon corps était dans une roideur incroyable; il ne pouvait bouger le bout de l'oreille ſans remuer tout le corps, & pour peu qu'il bougeât, il tombait. Etant parvenu à lui tâter le pouls, je trouvai aſſez de force pour entreprendre le traitement, que je commençai comme j'aurais fais le premier jour, c'eſt-à-dire, par diminuer la maſſe du ſang, & lui rendre ſa circulation. Après pluſieurs ſaignées, je conçus de l'eſpoir, & en ſix ſemaines le cheval a été parfaitement guéri & n'a rien perdu de ſa valeur. Mr. le capitaine de Cerjat a été témoin de cette cure, ainſi que de celle d'un cheval fourbu qui avait été négligé & traité pour un autre mal.

Il ſerait trop long de rapporter ici toutes les maladies que j'ai guéri ſur des chevaux qui avaient été abandonnés. Je me contenterai de dire un mot de celle d'un cheval appartenant à Mr. de Goumoëns, ſeigneur du dit lieu.

Le cheval était depuis ſix jours ſur la litiere avec les quatre jambes groſſes comme le corps, & éclatées de toutes parts du haut en bas. On lui voyait les os des paturons, il avait avec cela une fievre ardente ; il était en un mot dans un état absolument désespéré, ce qui l'avait fait abandonner par plusieurs artistes qui nommèrent cette maladie puce maligne ; enfin Mr. de Goumoëns était décidé à le faire enlever, lorsqu'on lui parla de moi ; il m'écrivit, je me rendis sur le champ à son château, & j'entrepris la cure ; je ne me trompai point sur le genre de la maladie, & avec cette connaissance, il est toujours aisé de trouver les remèdes. Quand l'on erre sur la maladie, il est bien difficile de ne pas errer sur l'administration des remedes.

Cette maladie était un œdeme; quand elle prend aux jambes, c'est un œdeme particulier; enfin, je suis venu à bout de le guérir parfaitement & avec peu de remedes. La multiplicité des remedes est plutôt nuisible que salutaire, je l'ai vu bien souvent. Je dirai un mot de cette maladie de l'œdeme en général & de l'œdeme particulier. Enfin, des cures que j'ai faites tant à Yverdon qu'aux environs, lors de l'épidémie qui a régné l'été de 1793, & dont j'ai les certificats scélé de la ville d'Yverdon, & du Seigneur Baillif de Grandson.

De l'œdeme en général.

L'œdeme est une tumeur formée par l'épanchement de sérosité dans le tissu cellulaire: cet amas vient de l'arrêt de la limphe, ou de la lenteur de la circulation, ou de la surabondance de sérosité dans le sang, ou de l'obstruction des pores absorbants. La cause est une nourriture trop chaude & le peu d'exercice; le treffle particulierement.

SYMPTOMES.

Les symptômes de l'œdeme sont l'enflure, la mollesse de la partie enflée, l'indolence & la diminution ou la perte du ressort des parties.

1°. La contagion d'eau dans le tissu cellulaire doit causer l'enflure.

2°. Les fibres étant abreuvées d'une grande quantité de sérosité, elles doivent être molles & perdre beaucoup, ou tout-à-fait leur reſſort; c'eſt ce qui fait que l'impreſſion du doigt reſte lorſqu'on a comprimé la tumeur.

Les fibres étant relâchés par l'humidité, & les nerfs noyés & engourdis, il ne doit pas y avoir de douleur, puiſque la douleur conſiſte principalement dans la tenſion & la ſécbereſſe des parties.

On connaît l'œdeme à l'œil & au tact, par l'enflure qui eſt égale, & ſans douleur, & par l'impreſſion du doigt que la tumeur conſerve après qu'on l'a comprimé.

En général l'œdeme eſt difficile à guérir, & principalement quand il eſt ancien.

CURATION.

Les vues qu'on doit ſe propoſer dans la cure de l'œdeme ſont :

1°. De diminuer la quantité de ſéroſité ſurabondante dans le ſang.

2°. De lever les obſtacles qui retardent ou arrêtent la circulation.

3°. De

3°. De ranimer le cours de la circulation.

On remplit la premiere indication en pouſſant par les urines, par le moyen des diurétiques; par les ſueurs, au moyen des ſudorifiques, & en évacuant par le moyen des purgatifs, on employe ces remedes l'un après l'autre: on purge avec la médecine ſuivante.

Prenez: une once à une once & demi d'aloës, miel depuis un quart, juſqu'à une livre, mêlez le tout dans une décoction de chardon rolland: deux jours après vous donnez un ſudorifique, compoſé comme ſuit.

Prenez une ou deux muſcades, un peu de canelle, écraſez le tout dans un mortier; donnez dans un pot de vin, & couvrez bien l'animal: on remplit la troiſieme indication, par le moyen des toniques & des diſcuſifs qui raffermiſſent les fibres, leur rendent leurs reſſorts, & raniment la circulation.

Les principaux toniques ſont les fomentations avec la décoction des plantes aromatiques, ou de l'eau de chaux, de forge, ou de l'eau de vie camphrée.

Un exercice moderé est très-utile dans ce cas: le frottement de la partie avec un bouchon de paille fait un très-bon effet.

Quand le mal est ancien, le remede le plus efficace est le feu, que l'on met par rayes ou par pointes.

De l'enflure des jambes.

L'enflure des jambes est un œdeme particulier: c'est un amas de sérosité dans le tissu cellulaire des jambes.

Cette sérosité en séjournant dans le tissu cellulaire s'épaissit & se durcit de façon que quand on coupe la tumeur elle ressemble à du lard.

CAUSES.

L'œdeme des jambes a les mêmes causes que celles de l'œdeme en général.

SYMPTOMES.

On connaît aisément l'œdeme des

jambes par l'enflure ſans douleur & l'impreſſion du doigt qui reſte.

CURATION.

Les remedes pour l'enflure des jambes ſont les mêmes que ceux de l'œdeme en général.

1°. Il faut purger afin de diminuer la quantité totale de la ſéroſité du corps.

2°. Donner les ſudorifiques afin de pouſſer par les ſueurs.

3°. Il faut ranimer la circulation du ſang par le moyen des fomentations ſur les jambes : l'exercice eſt très-ſalutaire dans ce mal, mais lorſque la limphe, ou la ſéroſité épanchée dans le tiſſu cellulaire s'eſt durcie, ces remedes ſont ordinairement infructueux ; il faut avoir recours au feu qu'on met par rayes, ou par pointes, ſi l'œdeme eſt dans le paturon.

Atteſtation de Mr. de GOUMOENS.

J'ATTESTE que l'automne dernière, ayant un cheval attaqué d'une maladie violente, & que pluſieurs gens de l'art avaient déclarée incurable, je fis appeller Monſieur l'Ecuyer MULLER, qui le tira d'affaire en peu de tems.

Lorſque Monſieur MULLER entreprit cette cure, le cheval avait les jambes extraordinairement enflées, & ſi pleines d'énormes crevaſſes qu'on lui voyait les os des pâturons; ce qui, joint à une fievre ardente, l'avait mis dans un état déſeſpéré: les médecins qui l'avaient traité, donnaient à ſa maladie le nom de *puce maligne*; Monſieur MULLER, dès qu'il l'eût vu, m'édifia ſur le genre & ſur les cauſes de cette terrible maladie, dont le véritable nom eſt *œdème*; & graces aux ſoins aſſidus & à l'efficacité des remèdes extérieurs qu'il lui donna, & de ſes *poudres* qu'il lui fit prendre intérieurement, mon cheval est parfaitement guéri.

En foi de quoi je lui ai délivré le présent certificat, scellé de mes armes.

A Goumoëns, ce 23 Mars 1794.

DE GOUMOENS.

(L. S.)

FIN.

Approbation.

Nous permettons l'impression du présent livre. Donné au château de Lausanne, ce 19 Avril 1794.

(L. S.)

TABLE DES CHAPITRES

CONTENUS DANS CE VOLUME.

Fin de la Table.

www.ingramcontent.com/pod-product-compliance
Ingram Content Group UK Ltd.
Pitfield, Milton Keynes, MK11 3LW, UK
UKHW031900260826
14628UKWH00002B/887

9 782329 398013